甘肃省"双一流"建设科研重点项目

"黄河流域生态保护协同治理的法治保障研究"（GSSYLXM-07)

的阶段性成果

生态环境犯罪
司法适用问题研究

曾 磊／著

中国政法大学出版社

2022·北京

图书在版编目（ＣＩＰ）数据

生态环境犯罪司法适用问题研究/曾磊著.—北京：中国政法大学出版社，2022.10

ISBN 978-7-5764-0703-7

Ⅰ.①生… Ⅱ.①曾… Ⅲ.①破坏环境资源保护罪－法律适用－研究－中国 Ⅳ.①D924.364

中国版本图书馆CIP数据核字(2022)第202819号

出 版 者　　中国政法大学出版社

地　　址　　北京市海淀区西土城路25号

邮寄地址　　北京 100088 信箱 8034 分箱　　邮编 100088

网　　址　　http://www.cuplpress.com (网络实名：中国政法大学出版社)

电　　话　　010-58908289(编辑部) 58908334(邮购部)

承　　印　　固安华明印业有限公司

开　　本　　880mm×1230mm　1/32

印　　张　　6.25

字　　数　　200 千字

版　　次　　2022 年 10 月第 1 版

印　　次　　2022 年 10 月第 1 次印刷

定　　价　　35.00 元

前　言

PREFACE

在风险社会的大背景下，各类社会危机和矛盾日益频繁，生态环境问题亦成为当前社会发展中的主要矛盾之一，应引起人类足够的重视，究其原因在于生态环境危机的出现，会对整个人类的生存和发展构成严重威胁。古人云："不涸泽而渔，不焚林而猎"，而现代社会在工业化的刺激下，一味过分追求经济利益，忽视了对生态环境的保护，大多数经济成果的取得是以牺牲生态环境为代价。当生态环境破坏现象严重到对于某一法益严重侵犯的程度时，刑法理所应当发挥其保护最后法益底线的职能，尤其是在目前行政法和民法针对较为严重的生态环境破坏行为，难以实现预期治理效果的现实背景下。是故，更要发挥好刑法"最后保障法"规制效果、法益保护和自由保障的功能，为生态环境犯罪的治理以及生态环境保护工作的有效开展"保驾护航"。

此外，与生态环境犯罪相关的理论研究亦需要进一步深入，以便形成较为严密的生态环境犯罪理论支持体系，实现刑法理论和刑事法律、刑事政策等的紧密配合，为今后相关立法以及司法适用问题提供可靠的依据。而且随着社会发展的广度和深度的拓展，生态环境犯罪也呈现出一些新的特点，犯罪行为造成的危害后果和侵害的生态环境法益亦不同于传统的环境资源犯罪，这对刑法理论的完善与创新提出了较高的要求，我们需要在借鉴域外治理生态环境犯罪经验和理论的基础上，并结合我国环境犯罪治理状况，合理突破与适度超前，构建符合我国基本国情的生态环境犯罪治理理论。

本书共分为五章，第一章是生态环境犯罪基础理论问题，对生态环境的概念、生态环境现状和环境问题、刑法介入生态环境保护的必要性、生态环境犯罪的界定等问题展开探讨；第二章是生态环境犯罪刑事治理的政策与理念，对生态环境刑事政策的应然取向、刑事政策的构建与实现环境犯罪刑事政策的构建与实现、环境污染犯罪治理的策略配合以及治理的理念、路径和技术等内容做出详细介绍；第三章是生态环境犯罪的构成及罪名体系，对生态环境犯罪的主体和客体、主观方面和客观方面、国内外生态环境犯罪的罪名体系及完善等内容进行研究；第四章是生态环境刑罚的适用，以生态环境犯罪刑罚适用原则的比较研究、生态环境犯罪刑罚种类的比较研究、生态环境犯罪法定型配置的比较研究等为主要内容做了分析；第五章是生态环境犯罪的立法前瞻，主要从生态环境犯罪立法完善和发展图景两方面予以展望。

生态环境犯罪的危害性极大，若不能实现此类犯罪的有效治理，就会上升为一个严重的全球性社会问题。本书以期在对我国现有生态环境犯罪的法律规定、司法理念、刑事政策以及刑法理论的归纳与适度创新的基础上，实现生态环境犯罪治理的有效展开，避免新型的社会矛盾露头，使得刑法成为保护"日出江花红胜火，春来江水绿如蓝"自然美景的法律利剑。同时，本书在撰写过程中得到了王争辉、靳媛媛、安文博、邓亚东和王孟雨同学的大力支持，借此诚表谢意！由于生态环境犯罪属于新兴领域，跨越学科广泛，书中疏漏或者错误之处在所难免，望读者朋友们予以指正！

曾　磊

2022 年 5 月 23 日

于甘肃政法大学

目 录

CONTENTS

第一章

生态环境犯罪基础理论问题

第一节 生态环境的概念

一、"生态"与"环境"的概念

(一) 法学中的"生态"概念界定

我国立法和理论研究中对"生态"一词并没有专门进行法学意义上的概念界定，以致在各种有关生态损害法律责任的学术成果和法律文件中对"生态"一词的使用存在概念术语不规范的现象。一方面表现在与自然科学中的"生态"概念一词存在混用，将法学和自然科学中的"生态"视为同一概念。殊不知，自然科学和法学研究虽略有交叉，但本质上乃是两门不同类别的学科，研究对象和研究方法等截然不同。在自然科学中，生态[1] 被定义为

---

〔1〕 "生态"可追溯至古希腊语"Oikos"一词，意为"住所"(House)或者"栖息地"(Habitat)，1866 年由德国生物学家海克尔 (Ernst Heinrich Philipp August Haeckel) 提出相关概念，最早被英文译为"Oecology"，1893 年被简写为"Ecology"，"Ecology"兼有"生态""生态学"之意，一般情况下混用不见歧义。

"物种与影响它的各种环境和生物变量的关系",[1]也有学者认为其是指生物与环境、生命个体与相同和不同生命群体之间相互作用关系的总和,[2]也可表述为是生物与其所处环境交互作用形成的生态系统。生态系统的概念"不仅包括复杂的有机体,而且还包括形成我们称之为环境的复杂的物理因素,与之形成一个物理系统",[3]"生态"就是一个动态平衡、各种要素组合的系统。

可见,"生态"概念在自然科学中的界定也是较为复杂的,而且极具有学科特点,倘若直接引入到法学概念中,难免会出现"履不适足"的情形。囿于自然科学和法学之间存在的种种藩篱,"生态"的法学概念不能直接照搬照用自然科学的概念,法学概念一定是要在突出自身法律特色的基础上合理吸收自然学科的相关概念并"为其所用",以此才符合法律规范的逻辑结构。具体到法学上,虽然要以环境学、生态学、管理学等自然科学和社会科学的原理为基础,但并不能将这些学科的概念、原理和话语完全照搬过来,而是必须有一个学科之间的"转换"和"翻译"过程。[4]换言之,"生态"的法学概念一定要经过加工处理,

---

〔1〕 Robert H. Whittaker & Gene E. Likens, "Primary Production: The Biosphere and Man", *Human Ecology*, 1973, pp. 357-369.

〔2〕 路甬祥:《生态文明建设的意义、挑战和战略》,科学出版社2009年版,第2页。

〔3〕 Tansley A. G., The Use and Abuse of Vegetational Concepts and Terms, *Ecology*, 1935, p. 299.

〔4〕 吕忠梅:《中国环境法的革命》,载韩德培主编:《环境资源法论丛》(第1卷),法律出版社2001年版,第5页。

不能简单地从自然科学中生硬地奉行"拿来主义"。

　　另一方面的表现是"生态"与"环境"的概念使用上存在混乱。由于语言环境的不同，同一用语的含义有相对化的理解，导致二者时常被混同使用。在中文环境中，二者的概念均涉及人类生活和生存的外界因素，生态、环境管理和保护之间存在着强烈的历史和科学联系。[1]环境的概念在环境科学中一般表述为，环境是指以人类为中心的周围空间，以及全部的影响人类生产、生活的自然要素和社会要素的总和。[2]然而，上述概念涉及的空间和各要素总和均被"生态"的概念所涵盖，意即生态意义上环境一词的词义射程范围是包含"环境"的，这也与人类历史生活实践中总是广泛接触生态要素有关。概念使用混乱的另一原因体现在我国环境相关立法中，立法者关注生态保护晚于环境保护，且"后来者"并没有很好地区分理论研究中对"生态"和"环境"的认识，一种惯常的用法是使用"环境"概念对相关概念一言以蔽之。

　　回归到法学中的"生态"概念界定议题上，首要工作还是力求改正以上两个论述对"生态"概念的不规范使用，为相关的理论研究和法律文件的制定提供一个正确的逻辑起点，其次才是探讨如何定义"生态"法学概念的问题。就"生态"的法学概念而言，界定时需要考虑到两个方面

---

〔1〕　黄秉维：《黄秉维元素学术思想研讨会文集》，科学出版社1999年版，第12~13页。

〔2〕　谢红梅：《环境污染与控制对策》，电子科技大学出版社2016年版，第1页。

的内容，一是承认法学概念对自然科学概念的依附性和事实上的对应关系；二是与既存的"环境"自然科学、法学概念进行严格区分。鉴于此，必须从"生态"的自然科学概念中经过价值判断抽象出法律事实，使"生态"的概念具有法律意义，反映出相关主体能够据此产生权利义务关系，以及这种法律义务能够对应相关的生态法律责任，并且法律责任可通过法律强制得以实现。语言作为法律的载体，应该有效地表达法律所包罗的一切因素和构成成分以及相关细节[1]，只有经过规范的逻辑推导、论证，得出的法学概念才够精当。因此，本书认为"生态"的法学概念可表述为，生态是指人类与所处环境、人类与各生物个体、群体之间相互作用形成的动态平衡的总体系统。这一概念包括两对重要关系，一是人类与人类所处环境交互作用形成的关系；二是人类与人类或者其他生物个体、群体之间交互作用形成的关系。

（二）法学中的"环境"概念界定

"环境"的概念实质上较为复杂，其所涉及的学科知识较为广泛，在不同的视角下各有表达。在环境科学中，环境（Environment）一般是指人类生存的空间及其中可以直接或间接影响人类生活和发展的各种自然因素。[2]但有的学者认为，"自然"与"环境""资源""生态"之间属于

---

〔1〕 杜金榜：《法律语言学》，上海外语教育出版社 2004 年版，第 52 页。

〔2〕 陈德第、李轴、库桂生主编：《国防经济大辞典》，军事科学出版社 2001 年版，第 443 页。

"一体三用"或者"一体三面"的关系（自然为"体"，环境、资源和生态属于自然三个"方面"的三种"功用"）。[1]在生态学中，"围绕生物界并提供生物生存的必备条件的空间和无生命物质是生物的生存环境，也称生境。"[2]而在环境法学中，《中华人民共和国环境保护法》（以下简称《环境保护法》）第2条规定，本法所称环境，是指影响人类生存和发展的各种天然的和经过人工改造的自然因素的总体，包括大气、水、海洋、土地、矿藏、森林、草原、湿地、野生生物、自然遗迹、人文遗迹、自然保护区、风景名胜区、城市和乡村等。也有学者认为，环境"概指以人类为中心主体的外部世界，即人类赖以生存和发展的天然的和人工改造过的各种自然因素的综合体"。[3]不难发现，无论从何种角度出发，其概念指向都是人类的生存和发展，突出人类中心主义的思想，且我国环境法对环境定义时与环境科学保持一致，也体现了法学概念与自然科学概念在语句内涵上追求的一致性。

对于"环境"一词的定义，立足于域外环境法，从不同的立法模式中可见一斑。一是演绎模式，采用概括的方式对环境下定义，概念较为抽象。比如，韩国1978年《环境保护法》第2条第1款规定："本法所称'环境'系指

〔1〕 杨朝霞：《生态文明观的法律表达——第三代环境法的生成》，中国政法大学出版社2019年版，第103~110页。

〔2〕 周珂：《环境法》，中国人民大学出版社2000年版，第4页。

〔3〕 赵秉志、王秀梅、杜澎：《环境犯罪比较研究》，法律出版社2004年版，第5页。

作为自然状态的自然环境和与人类生存有密切关系的财产，与人类生活有密切关系的动物和植物，以及这些动植物所处的生存环境。"[1]1991 年颁布的《保加利亚环境法》规定："环境是指相互关联并影响生态平衡、生活质量、人体健康、文化和历史遗产与景观的自然和人工因素的综合体。"二是枚举模式，对环境的具体要素——列举，不进行抽象定义。比如，英国 1990 年《英国环境保护法》第 1 条规定："环境由下列媒体或其之一组成，即空气、水和土地；空气包括室内空气、地上或地下的自然人或人工建筑物内的空气。"三是综合模式，是"演绎+枚举"的模式。比如，美国 1969 年《国家环境政策法》第二篇第 1 条规定："……国家各种主要的自然环境，人为环境或改造过的环境的状态和情况，其中包括但不限于空气和水——包括海域、港湾河口和淡水；陆地环境——其中包括但不限于森林、干地、湿地、山脉、城市、郊区或农村环境。"[2]

综合来看，不论是域外一些国家还是我国环境法对"环境"的定义，均是以"人类中心主义"（anthropocentrism）为思想基础的，强调人类的立场，并且概念的组成都是围绕人类展开的，将人类这一个体的地位推向高峰。但存在的问题是，"人类中心主义"缺乏对人类生存和发展整体性的认识，没有考虑到非人类的因素，如其他生命体或者无生命生物，以及它们之间的交互关系，是故正确定义"环境"的概念要对

---

〔1〕 赵秉志、王秀梅、杜澎：《环境犯罪比较研究》，法律出版社 2004 年版，第 6 页。

〔2〕 李爱年、周训芳主编：《环境法》，湖南人民出版社 2004 年版，第 2 页。

其所涉的人类、非人类要素"等量齐观"，适当借鉴"非人类中心主义（non-anthropocentrism）"[1]的思想。"随着科学技术和社会经济文化的不断发展，有关环境的内涵、范围和理念也是可以发展变化的"[2]，尤其是在习近平新时代生态环境法治思想的指导下，应当积极汲取生命共同体理念的有益成分，有效运用整体性和系统性思维，深层次地解读人和自然界相互依存、相互联系、相互制约的关系。因此，本书拟在现行《环境保护法》的基础上对"环境"的法学概念作出修正，即将环境定义为："指影响人类生存和发展的各种天然的和经过人工改造的自然因素的总体，包括大气、水、海洋、土地、矿藏、森林、草原、湿地、野生生物、自然遗迹、人文遗迹、自然保护区、风景名胜区、城市和乡村等，以及其相互作用形成的关系的总和。"

二、"生态环境"的词源及演化

早在 17 世纪 70 年代 "ecology" 就开始被应用在科学领域，其与 "economy" 有着部分相同的词源 "eco-"，具有栖息地的意涵。[3]后在 1869 年，随着德国生物学家海克

---

〔1〕 非人类中心主义包括生态中心论、动物权利论、生命中心论和自然物的法权利论等，此处主要是指参考生态中心论，倡导整体、系统的认识，正视生命体、无生命的自然物、连同生命体之间的相互关系以及生命体与无生命自然物之间组成的生态系统的"固有价值"和"权利"。

〔2〕 蔡守秋：《基于生态文明的法理学》，中国法制出版社 2014 年版，第 275 页。

〔3〕 ［英］雷蒙·威廉斯：《关键词：文化与社会的词汇》，刘建基译，生活·读书·新知三联书店 2016 年版，第 185～186 页。

尔创造性地提出"ecology"的概念，许多学者开始关注生态及相关问题。1935 年，英国生态学家坦斯利（Arthur G. Tansley）提出"生态系统"（ecological system）的概念，来描述在一定空间内，生物与生物之间、生物有机体与无机环境之间，通过物质循环和能量流动而形成的一个生态学功能单位。[1]这一表述与"生态环境"几乎是无关的，但对于人们系统地认识自然和人类社会具有重要意义。当然，这一概念在一段时期内极具影响力，从 20 世纪 60 年代开始，"ecology"与其相关词大量地取代了"environment"相关的词群。[2]事实上，这是一种错误的用法，因为"生态"与"环境"的概念侧重点完全不同，前者是一个系统性的概念，而后者是仅和单一的环境要素有关，以及前者可将后者包含、前者为后者的上位概念。此后，"生态环境"作为一个比较中国化的术语出现，被普遍使用。

追溯"生态环境"一词的起源，与社会发展变化及"生态"和"环境"概念的演进不无联系，学者们对此有不同的研究结论。比较占主流的是王孟本的主张，其认为"'生态环境'这个汉语名词最初是在 20 世纪 50 年代出自俄语'ЭКОТОП'和英语'ecotope'翻译而来，出现在 1953 年的译著、苏联 А. П. 谢尼阔夫著的《植物生态学》

---

〔1〕 陈国强：《简明文化人类学词典》，浙江人民出版社 1990 年版，第 138~297 页。

〔2〕 ［英］雷蒙·威廉斯：《关键词：文化与社会的词汇》，刘建基译，生活·读书·新知三联书店 2016 年版，第 185~186 页。

中，属于外源和多源起源。"[1] 其在之后的研究中也指出"黄秉维先生在第五届全国人大讨论宪法草案时（即 1980—1983 年间）提出'生态环境'一词，实属重提，而不是首创"，[2] 候甫坚反对始于 50 年代的提法，他认为"'生态环境（ecological environment；eco-environment）'一词不是这样的来源（语源学上），而是先有中文表达，后有外文译法，出现时间在 80 年代初期"，[3] 他罗列了 1975—1982 年一系列学者的文章，以及对 1982 年"生态环境"被写进《宪法》进行深刻梳理并为其佐证。本书认为"尽管在纯粹学术层面或有更早渊源与多元路径，但我国法律政策中的'生态环境'是一个直至 1982 年才被认为制造出来并写进《宪法》中的本土性概念确定无疑"。[4]

三、"生态环境"概念的纷争

（一）支持者的观点

支持者一般都承认"生态环境"一词的科学性和合理性，认为其可以作为专有名词来使用，并对其下了不同的定义。有学者认为"生态环境是指影响人类生存与发展的

---

[1]　王孟本：《"生态环境"概念的起源与内涵》，载《生态学报》2003 年第 9 期。

[2]　王孟本：《关于"生态环境"一词的几点商榷》，载《科技术语研究》2006 年第 4 期。

[3]　候甫坚：《"生态环境"用语产生的特殊时代背景》，载《中国历史地理论丛》2007 年第 1 期。

[4]　巩固：《"生态环境"宪法概念解析》，载《吉首大学学报（社会科学版）》2019 年第 5 期。

自然资源与自然环境要素的总称，即生态系统"，[1]还有学者将生态环境定义为是由生态关系组成的环境，是生命有机体赖以生存、发展、繁衍和进化的各种生态因子和生态关系的总和，认为"'生态环境'不是生态学和环境学的加和而是融合，是传统污染环境研究向生态系统机理和复合生态关系研究的升华，与一般环境更不同的是，它具有了生态学的理念，表示从生态学角度看问题，应当说是处理人与环境关系上的一种进步"，[2]与其具有相同主张的学者也认为"以人类为中心，生态环境的概念是指以生态系统理论揭示生态学的基本原理，来理解和同构的环境"。[3]再比如，有的学者直接指出，"生态环境"可以看作是联合词组，就是"生态和环境"或者"生态或环境"，[4]当然，也有另一种观点认为作为偏正词组的"生态环境"不是名词堆砌，生态是形容词，环境是名词。生态环境并不是简单的环境，纷繁的环境问题并不能被环境一词所包容。[5]

（二）反对者的观点

反对者对"生态环境"一词的质疑主要有两方面的原

---

〔1〕 王礼先：《关于"生态环境"建设的内涵》，载《科技术语研究》2005年第2期。

〔2〕 王如松：《生态环境内涵的回顾与思考》，载《科技术语研究》2005年第2期。

〔3〕 陈德辉、姚祚训、刘永定：《从生态系统理论探析生态环境的内涵》，载《上海环境科学》2000年第12期。

〔4〕 蒋有绪：《不必辨清"生态环境"是否科学》，载《科技术语研究》2005年第2期。

〔5〕 蔡晓明：《有关"生态环境"词义的探讨》，载《科技术语研究》2005年第2期。

因。一是"生态环境"表达上的模糊、多歧义，容易产生不规范使用的问题。有学者指出"当人们乐于运用'生态环境'一词时，实际上在强调生物与环境相互关系的一面"，[1]但这样的表达完全可以用"生态"或者"环境"任一词语代替，如此使用还会产生误解。还有学者认为"'生态环境'的实际意涵是从生态学角度讲的人的环境，实际指的就是生态系统，或生态系统状态"，且"除了特指'生态学和环境科学'意涵的情况外，也未必一定要将其严格地区分为联合词组还是偏正词组，只要将其意涵统一理解为'生态系统'或'生态系统状态'即可"，[2]这些观点的核心均指向应该对"生态"和"环境"进行严格区分。二是使用"生态环境"并不适宜，内涵和语法上存在错误。有学者认为"生态和环境应当根据各自的内涵，分别使用"，[3]另有学者则认为"'生态'是与生物有关的各种相互联系的总和，而环境则是一个客体，把环境与生态叠加使用是不妥的"，[4]"生态"之中本就有"环境"之意，再使用"环境"对其修饰或者限定就是错误的。

---

〔1〕 沈国舫：《中国环境问题院士谈》，中国纺织出版社 2001 年版，第215 页。

〔2〕 黎祖交：《生态环境》，载《绿色中国》2017 年第 7 期。

〔3〕 陈林芝：《对"生态环境"和"生态建设"的一些看法》，载《科技术语研究》2005 年第 2 期。

〔4〕 钱正英、沈国舫、刘昌明：《建议逐步改正"生态环境建设"一词的提法》，载《科技术语研究》2005 年第 2 期。

四、"生态环境"的概念辨析

《中华人民共和国宪法》（以下简称《宪法》）对生态环境保护作出了一系列规定，在宪法序言、第一章总纲和第十章国家机构部分均有涉及，其中最具有代表性的条款为第9条和第26条。第9条规定："国家保障自然资源的合理利用，保护珍贵的动物和植物。禁止任何组织或个人用任何手段侵占或者破坏自然资源。"第26条规定："国家保护和改善生活环境和生态环境，防止污染和其他公害。"这两个条文为"生态环境"宪法概念的界定提供了一定的理论基础，比如第9条明确了生态环境保护的责任主体为三大类，即国家、组织和个人，同时第26条将环境分类为"生活环境"和"生态环境"，属于环境概念界定的核心条款。但矛盾之处在于，随着我国环境法治的发展，厘清"生活环境"和"生态环境"的界限将成为一人难题，且宪法规定本身也未必解释得清楚。在理论上，其将难以回答"生活环境"是否属于"生态环境"的追问，以及为何具体环境立法中几乎没有所谓"生活环境"相关规定的尴尬。[1]

进一步来看，依据《环境保护法》第4条[2]的规定，我国《宪法》中的环境条款并不是基本权利而是一种基本

---

〔1〕 巩固：《"生态环境"宪法概念解析》，载《吉首大学学报》2019年第4期。

〔2〕《环境保护法》第4条：保护环境是国家的基本国策。国家采取有利于节约和循环利用资源、保护和改善环境、促进人与自然和谐的经济、技术政策和措施，使经济社会发展与环境保护相协调。

国策，即使从规范角度分析，《宪法》第 26 条也未有"权利""利益"相关的措辞。这一点也在党和国家的政治文件中被不断印证，"生态环境"在各种政府报告和政策性文件中频频出现，而且许多有关"生态环境"的表述基本涵盖"生活环境"的方方面面。也有学者指出"21 世纪的宪法的核心应是保障公民的环境权"，[1]试图将环境权纳入宪法规定，作为公民的一项基本权利，总之，现行《宪法》的环境条款已不适应前社会发展变化，宪法也应当成为"回应型"法，删除"生活环境"，并将"生态环境"视为宪法意义上的"环境"，重新规定环境保护的客体。具体到概念界定，"我国宪法环境条款属于'低密度'规范，留给立法者广泛的立法裁量空间"，[2]本书认为，就《宪法》而言，删去"生活环境"一词即可，不再对"生态环境"作专门定义，要体现在其他法律规定中。因为宪法上"生态环境"的概念本就是抽象的，其他法律法规对"生态环境"保护的侧重点不同，如果宪法规定"事无巨细"，更不利于环境保护，会破坏法秩序的统一。就其他法律规范而言，不能强行要求将"生态环境"的概念与《宪法》保持完全对应的关系，可以与前文论述的自然学科及"生态""环境"等相关概念结合，定义出最能反映其他法律规范的立法背景、目的和特色的概念。

---

[1] 吴卫星：《论环境基本国策》，载《中德法学论坛》2010 年第 8 期。

[2] 谭倩：《生态环境的宪法保护——以中国宪法第 26 条为中心》，载《北京理工大学学报（社会科学版）》2017 年第 4 期。

第二节　生态环境现状和环境问题

人类一切的生存和发展都是以良好的生态环境为物质基础的，生态环境也承载着人类一切生产生活作用的结果，比如生活垃圾、工业废气、废水、废物等，良好的生态环境不仅仅是人类赖以生存和永续发展的前提，也是社会安宁的重要保障。现代社会，经济高速增长，各种工业化生产活动大力推进，经过两次产业革命后，本就脆弱的生态系统中持续出现一些严重的生态环境问题，这打破了原有的生态平衡，使得生态系统的整体性遭受破坏，结构和功能一度失调，这也是当前人类社会面临的一项严峻挑战。2020年，虽然我国圆满完成污染防治攻坚战阶段性目标任务，"十三五"规划纲要确定的9项约束性指标均圆满超额完成，并且在坚决打赢蓝天保卫战、着力打好碧水保卫战、扎实推进净土保卫战、大力推进生态环境保护、深化生态环境领域改革等方面取得显著成效，生态环境质量总体改善，但是，我国生态环境方面仍然存在不少问题，依据中国生态环境部2021年公布的《2021中国生态环境状况公报》，生态环境问题主要有以下几个方面。

一、大气问题

依据国际标准化组织（ISO）的定义，大气污染是由于人类活动或者自然过程引起某些物质进入大气中，呈现出足够的浓度，达到足够的时间，破坏生态系统和人类正常生存和发展的条件，并因此危害了人体的舒适、健康或者环境的现象。2020 年，我国 377 个地级及以上城市中 202 个城市空气质量达标，135 个城市环境空气质量超标，以 $PM_{2.5}$ 等为首要污染物超标天数分别占总超标天数的比例均下降，未出现以 CO 为首要污染物的超标天数，累计发生严重污染 345 天，较 2018 减少 107 天；6 项污染物 PM2.5、PM_{10}、O_3、SO_2、NO_2 和 CO 与 2019 年相比，除 SO_2 和 CO 超标天数比例持平，其他 4 项污染物超标天数比例均下降；京津冀及周边地区，长三角地区等重点区域空气质量状况较之前都有所提升。大气质量总体呈较好的发展趋势，但仍存在污染情况，例如安阳、石家庄、太原等 21 个城市环境空气质量相对较差；$PM_{2.5}$、O_3、PM_{10} 等首要污染物占比仍较大；此外，2020 年酸雨分布面积约 46.6 万平方千米，较 2019 年只下降 0.2 个百分点，还有卫星遥感共检测到全国秸秆焚烧火点 7635 个，主要集中在农牧业地区。以上种种迹象表明，我国大气污染的形势仍旧严峻，这对我们赖以生存和发展的生态环境造成了一定的损害。

大气污染不同于其他破坏、污染生态环境犯罪的行为，其对人类生产和生活的影响较为广泛，危害性严重。首先，大气污染对人体会产生危害，表现在三个方面，即急性危害、慢性危害和远期危害。急性危害是指污染物的浓度过高、持续时间长以及污染物的危害性大，导致人体出现急性表现，比如人体在大气污染的"重灾区"吸入可入肺颗粒物就会出现肺部或者胸膜病变。慢性危害是指小剂量的大气污染物长时间内作用于人体所产生的危害，比如患有慢性呼吸系统疾病和慢性心血管系统疾病的群体长时间生活在大气污染的环境中，会加速恶化病情，出现许多并发症，即便是健康的人群也会受到不同程度的影响，导致呼吸道慢性炎症的发病率上升。远期危害是指大气污染在人体内经过"潜伏期"才表现出的危害，比如一些肺癌、白血病的发作，和大气污染不无关系。

其次，大气污染对人类的生产生活会产生危害。大气污染会影响到工农业生产的方方面面，会带来巨大的经济损失，比如大气污染物中的 SO_2 和 NO_2 等对建筑物、工业设备、精密仪器和工业材料等具有强腐蚀作用，尤其是对名胜古迹的侵蚀，其损失不可挽回。再比如大气污染导致臭氧层破坏，紫外线辐射导致人体患有皮肤疾病的风险上升，农作物也会因此减产减量。还有，大气污染带来酸雨侵蚀和温室效应，酸雨侵蚀使得土壤质量退化、温室效应导致全球变暖出现干旱问题，其罪魁祸首在于人气中 CO_2 和 SO_2 含量的增多。而且，有相关研究表明，我国主要大气污染物排放源中，几乎所有 SO_2 和 NO_x 排放源，50%左右的 VOCs 和 85%左右的一次 $PM_{2.5}$（不含扬尘）排放源，都与 CO_2 排放源高度一致，[1] 这就更加警示我们要保护好生态环境，为人类生产生活营造一个安全、健康和绿色的生存环境。

---

[1] 《生态环境部召开 2022 年 2 月例行新闻发布会》，载 https://baijia-hao. baidu. com/s？id = 1725537862667788596&wfr = spider&for = pc，最后访问日期：2022 年 2 月 25 日。

二、水土问题

我们国家的淡水资源、海洋生态系统和土壤都存在着不同程度的污染和破坏。淡水通常是指陆地上的水资源，是人类得以生存的"生命源泉"，总体而言，我国淡水资源水质较好，但一部分城市和地区仍有水质污染的情况。2020年，全国地级及以上城市中，柳州、桂林、张掖等30个城市国家地表水考核断面水环境质量相对较好，铜川、沧州、邢台等30个城市国家地表水核断面水环境质量较差；河流方面，长江流域、珠江流域、闽浙片河流、西北西南诸河水质都为优，黄河流域、松花江流域、淮河流域水质良好，海河流域、辽河流域由于工业发展和人类生产生活的影响水质轻度污染，其中海河流域的主要支流、徒骇马颊河水系和冀东沿海诸河水系均有污染，辽河流域干流和主要支流也有轻度污染状况；湖泊水方面，太湖、巢湖、滇池和白洋淀等湖水也存在水质轻度污染。此外，依据2020年长江、淮河、黄河、海河、珠江、松花江和辽河等七大流域开展的水生态调查报告显示，全国重点流域水生态状况很差及较差状态占比14%，这也是一个比较危险的信号。

同时，水污染给人类生产生活带来了不少阻碍，其危害性不容小觑。比如，淡水的污染往往会诱发诸多传染性疾病和其他疾病（癌症、结石、水俣病、骨痛病、心脑血管疾病和消化系统疾病等），给人类的健康带来巨大威胁，其中一些含有重金属物的淡水长期饮用后，可能会出现

"积累致病"（长期饮用含有汞的淡水会引起神经中毒、疯狂、痉挛乃至死亡；淡水中含铅过高会导致肾脏受损，以及出现麻风病等），这种"慢性发作"的恶果是不可逆的，影响恶劣，或者受污染的淡水被用于农业生产，一些有毒有害物质作用在农作物、瓜果蔬菜上，也同样会致病。再比如，水污染严重的情况下会直接破坏水生态的结构，以致临近水域的水生和陆生动植物均受牵连，出现灭绝、数量锐减等状况，最终导致生态失衡，并将在连锁反应中对生态环境造成持续性的恶化。

海洋生态系统，是指在海洋环境范围内，海洋生物与外界非生物环境之间不断地相互联系、相互影响、相互作用、彼此之间存在着海洋物质不断循环和能量流动的海洋生命支持系统。[1]海洋生态系统的健康和平衡，对保护海洋生物多样性和维持整个生态系统具有重要意义。我国海洋生态环境虽然有所提升，但面临的形势仍然较为严峻。数据表明，2020 年我国管辖海域，一类水质海域面积占96.8%，与 2019 年持平，劣四类水质海域面积 30 070 平方千米，较 2019 年增加 1730 平方千米，近岸海域水质总体稳中向好，较 2019 年有所提升，但部分海域水质仍较差，比如江苏和江苏近海岸水质差、上海近岸海域水质极差；在监测的 24 个海洋生态系统中，7 个呈健康状态，渤海湾、鸭绿江口、黄河口和长江口等 16 个海洋生态系统呈亚健康

---

〔1〕 沈国民、施并章：《海洋生态学》，科学出版社 2002 年版，第 12～15 页。

状态，杭州湾海洋生态系统呈不健康状态；直排海污染源中 422 个排污水量大于 100 吨的排水总量高达 712 993 万吨，综合污染源排放量最大，工业污染源次之，生活污染源排放最小。总的来看，我国海洋生态环境的治理工作任重道远，仍需进一步提升，加强保护。

土壤污染状况详查结果显示，我国农用土壤环境状况总体稳定，影响土壤质量的主要污染物是以镉为首要的重金属，目前受污染耕地和污染地块安全利用率均达到 90% 左右。截至 2019 年底，全国耕地质量平均等级为 4.76 等，一至三等、四至六等和七至十等占比分别为 31.24%、46.81% 和 21.95%。2019 年水土流失面积较 2018 年减少 2.61 万平方千米，还存在水力侵蚀、风力侵蚀等问题。此外，根据第五次全国荒漠化和沙化监测结果，全国荒漠化土地、沙化土地面积分别为 261.16 万平方千米、172.12 万平方千米，根据岩溶地区第三次石漠化检测结果，全国岩溶地区现有石漠化土地面积 10.07 万平方千米。整体来看，土壤污染状况相对较好，但仍存在水土流失、荒漠化等问题。水土流失的危害性也很大，比如严重的水土流失会加剧耕地面积的减少，破坏土壤结构，减退土壤肥力等，以至于威胁到粮食安全，甚至于随着水土流失的加剧，也会对水体环境造成污染，破坏生物多样性。此外，土地荒漠化也会导致土地退化，农林牧业均会受到不同程度的影响，以及沙尘暴、雾霾等自然灾害的发生率也被提升。

三、自然生态问题

2020 年我国生态环境状况指数（EI）值为 51.7，生态质量[1]一般，其中生态质量较差和差的县域面积占比 31.3%，主要分布在内蒙古西部、甘肃中西部、西藏西部和新疆大部分，这与当地恶劣的自然环境和较为落后的工业生产方式均有关系。我国生物多样性丰富，具有地球陆地生态系统的各种类型，特别是人工林、人工湿地等人工生态系统也有分布。我国已知物种及种下单元数 122 280 种，生物多样性较为丰富，但是仍有一定数量的濒危动植物种类，比如列入国家重点保护野生动物名录的珍稀濒危陆生野生动物 406 种，水生野生动物 302 种（类），列入国家重点保护野生动物名录的珍稀濒危陆生野生植物 8 类 246 种。而且，我国受威胁物种居多，物种保护面临巨大压力。调查显示，需要重点关注和保护的高等植物 10 102 种，占评估物种总数的 29.3%，脊椎动物 2471 种，占 56.7%，大型真菌 6538 种，占 70.3%。

另外，我国也面临外来物种入侵，全国已发现 660 多种外来入侵物种，其中 71 种对自然生态系统已造成或具有

---

[1] 依据《生态环境状况评价技术规范》（HJ192—2015）评价。生态环境状况指数≧75 为优，植被覆盖度高，生物多样性丰富，生态系统稳定；55~75 为良，植被覆盖度较高，生物多样性较丰富，适合人类生活；35~55 为一般，植被覆盖度中等，生物多样性一般水平，较适合人类生活，但有不适合人类生活的制约因子出现；20~35 为较差，植被覆盖度较差，严重干旱少雨，物种较少，存在明显限制人类生活的因素，小于 20 为差，条件较恶劣，人类生活受到限制。

潜在威胁并被列入《中国外来入侵物种名单》，外来物种会强行占据本地物种的生存空间，其危害的蔓延范围较为广泛，以至于有不少学者呼吁，我国应当适当借鉴一些域外国家的治理经验，制定专门的外来物种入侵防治法。在自然生态保护方面，我国积极建立自然保护区，现有 474 处，面积约 98.34 万平方千米，这也从侧面反映出我国自然生态的脆弱性，这种被誉为"天然基因库""天然实验室""活的自然博物馆"的自然保护区对保护生物多样性和开展相关的科学研究具有特殊意义。

最后，依据黄河流域生态状况变化遥感调查评估结果，虽然整个黄河流域植被覆盖率整体出现大幅提升，优良等级生态系统面积比例增加，但由于冰冻圈消融加速，导致阿尼玛卿山冰川面积减少，极端天气气候事件增多，灾害风险加剧。此外，2021 年 10 月 8 日，中共中央、国务院印发《黄河流域生态保护和高质量发展规划纲要》，还指出黄河流域的一些其他生态环境问题，比如由于气候干旱，降水量少，使得水资源的开发利用率远超生态警戒线，造成水资源的短缺；流域内生态脆弱，退化严重，环境污染积重较深，水质差，以及水沙关系失衡等问题。黄河流域生态环境状况好转和生态系统健康稳定具有重要的战略意义，是国家生态安全的重要屏障，上述生态环境问题的有效解决，也是践行"绿水青山就是金山银山"的理念和科学应对生态安全风险的现实需要。

四、气候变化与自然灾害

我国气候变化和自然灾害方面的情况不容乐观，仍面临较大挑战。2020年，全国平均气温10.25℃，较常年偏高0.7℃，全国大部分区域气温均较常年偏高；全国平均降水量694.8毫米，较常年偏多10.3%，其中东北中部、甘肃东南部等地降水偏多20%~50%，而新疆中部和南部、甘肃西部、青海中北部等地降水偏少20%~50%，整体来看，降水分布不均；2020年海平面较常年高73毫米，为1980年以来第三高，而且过去十年我国海平面均处于近40年来高位，海平面总体呈波动上升趋势；2020年全国共发生地质灾害7840起，较2019年上升26.8%，比近5年均值上升13.3%，滑坡、泥石流等灾害发生频次过高；森林灾害和草原灾害形势严峻，2020年全国主要林业有害生物发生面积为1278.45万公顷，全国原有害生物危害面积5268.45万公顷，草原火灾受害面积约11 046公顷。

气候变化和自然灾害亦会给人类带来诸多不利的影响。就气候变化而言，全球温室气体排放量过高，严重影响气温和降水，容易暴发极端的灾害天气、引起海洋水质酸化、诱发森林和草地火灾，在降水量和日照不适度的情况下，也易导致农作物减产，甚至过于异常的气候变化还能够直接引起病毒的快速传播。就自然灾害而言，比如森林火灾对林下动植物资源的毁坏在很大程度上都是不可逆的，极难修复，还可能对区域内河流的水质造成污染，林区范围的空气质量也会下降。再比如草原灾害，不仅对畜牧的生存环境进行破坏，也有碍于经济发展（肉类食品、奶制品等质量会因自然灾害下降，数量也会随之大幅减少）和草原的利用、开发以及可持续发展。总之，气候变化和自然灾害会扰乱正常的生产生活秩序，也有诸多负面的影响，虽然这在一定程度上不可避免，但人类也应当采取必要的措施科学保护生态环境，趋利避害，减少生态和经济损失。

第三节 刑法介入生态环境保护的必要性

一、推进生态文明建设的需要

党的十八大以来，国家层面大力推进生态文明建设并取得显著成效，生态文明建设成为中国特色社会主义事业的重要组成部分，刑法也应当紧跟相关部署安排，作出回应。传统刑法观念已经无法和现代生态文明理念相契合，其要在观念上作出改变。因为在传统刑法观念下，治理生态环境犯罪问题注重对犯罪人的惩罚，而忽视或者轻视对生态环境的保护，没有很好地展现出刑法在预防生态环境犯罪方面的作用，对生态环境持消极的保护态度。然而，"法律着眼于未来，而不着眼过去"，在生态文明法治思想的指导下，刑法不仅要介入且要提前介入生态环境保护，在打击生态环境犯罪的同时也要兼顾刑法预防犯罪的功能。刑法既要为生态文明建设保驾护航，又要在新时代绿色和可持续的发展背景下，积极回应社会发展变化，设计并建构出适应生态文明建设的刑罚机制。

此外，现代社会在法学视域中的关注点已经从传统的人身权、财产权发生转移，特别是在"生态文明"被写入《宪法》后，法学对生态安全和环境权的关注度升高。因此，积极构建符合我国国情的生态环境法律体系，也是生态文明建设的题中应有之义，刑法作为最后的"保障法"应有所为。生态环境利益往往牵动着人类生活、生态系统和环境资源等的永续发展，关乎社会安宁、经济增长，刑法对这一利益的保护必须承担责任。而且，破坏生态环境的行为对人类影响也是双重的，一方面会造成人身和财产损害，另一方面还会严重损坏生态环境系统，对人类的生存和发展造成一定威胁，不利于人与自然的和谐发展，打破了"生命共同体"的美好愿景。在生态文明下，法律必须接受生态规律的约束，应当着意于人与自然和谐共处的客观要求。[1]如果刑法不对生态环境这一重要法益进行保护，会使得人类没有任何限度地进行生产、生活，这一定会加剧生态环境的恶化，一切文明和发展成果都将被"不法行为"所吞噬，这与推进生态文明建设的初衷是背道而驰的。

二、完善法律规制手段的需要

在生态环境治理方面，我们国家最先尝试使用民法和行政法进行规制，而且实践中也多用民事赔偿和行政处罚

---

[1] 吕忠梅：《中国生态法治建设的路线图》，载《中国社会科学》2013年第5期。

的手段解决相关问题。不可否认的是民事和行政法律在一定时期内发挥了非常重要的作用，但随着社会发展，一些新型生态环境问题的出现，以及一些污染者以"牺牲"生态环境利益来换取利润，民法和行政法律救济手段的缺陷日渐暴露，不足以对污染者形成威慑。就民法而言，《中华人民共和国民法典》（以下简称《民法典》）侵权责任编突破传统环境侵权责任以私益为中心的限制，在第七章"环境污染和生态破坏责任"中设置生态环境损害赔偿责任，构建起私法路径下的生态环境损害救济机制。[1]但囿于民事法律对人身权利和财产权利的保护，侵权人大多承担停止侵害、赔偿损失的责任，没有对破坏的生态环境进行修复，出现了生态环境法益被"遗忘"的现象。行政法对相关违法者的处罚也"不尽如人意"，即使其承担"按日连续处罚"较重的行政责任，但对一些经营规模较大、利润丰厚企业的威慑程度仍然不强，违法者基于违法成本的计算，污染、破坏生态环境的行为还会继续，甚至更加严重。而且，行政手段在长期治理过程中也存在"过分依赖行政关切、过于注重打击力度、片面追求打击效率"的应急性与功利性等弊端。[2]

为了更好地解决民法和行政法面临破坏生态环境问题时的一些"尴尬"处境，更具威慑力的刑法应当进入生态

---

〔1〕 龚雄艳、王树义：《民法典规范下生态环境损害公私法合力救济模式论——兼论生态环境损害赔偿制度的完善》，载《环境保护》2021年第10期。

〔2〕 侯艳芳：《中国环境资源犯罪的治理模式：当下选择与理性调适》，载《法制与社会发展》2016年第5期。

环境法益保护的行列，发挥环境刑法对生态环境独有的保障作用。即便如此，我们也要认识到"任何刑罚本身亦是一种恶，我们不能迷信刑法的威慑力，对于严重危害环境的犯罪行为，刑罚也只能将其控制在一定的限度内"，[1]但是刑法在预防功能上有前两者不可替代的作用，可以弥补缺陷。比如，在一般预防上，刑法可以对生态环境犯罪人科以刑罚，威慑潜在的生态环境犯罪人，同时也能起到一定的教育作用，向社会传递一种良好的风尚，以此来抵制和消除一些诱发生态环境犯罪的消极因素。在特殊预防上，对生态环境犯罪人采用刑法的手段和措施对其进行制裁，这种制裁往往是严厉的，对犯罪人有极强的震慑力，有益于防止其重新犯罪，并且能减少犯罪。当然，传统刑法观念在治理生态环境犯罪时也存在不足，为此理论界也倡议在刑法中引进恢复性司法，司法实务部门也做出了许多有益的实践，为生态环境保护提供了一套科学、有效的刑罚体系。

三、惩罚生态环境犯罪的需要

一般而言，生态环境犯罪不同于以往的环境犯罪，与其他传统犯罪也相区别。第一，生态环境犯罪的损害结果具有持续性的特征，牵动着多个环境要素的"安危"，损害结果不会因一个犯罪行为而停止，这让原本就脆弱的生态系统"雪上添霜"。第二，其社会危害性也较为严重，有些

---

〔1〕 吕欣：《环境刑法之立法反思与完善——以环境伦理为视角》，法律出版社 2012 年版，第 5 页。

生态环境受损之后是不可逆的，生态环境被破坏之余，对公私财产也会造成巨大损失。第三，犯罪行为的隐蔽性高，许多生态环境犯罪被发现时就已经产生很严重的后果了。第四，一些生态环境的破坏者对自己的行为不进行谴责性的评价，缺乏规范意识，更无从谈及行为人对环境刑法的认知和忠诚。正是基于此，动用刑法对生态环境犯罪进行规制非常必要，刑法需要对犯罪行为"强行干预""有准备地介入"，严密打击生态环境犯罪的刑事法网。

还需要说明的一点是，"利益对于法的产生和发展起着决定性作用，如果社会出现了一些新的利益形式，或者当初的利益有着一些改变，法律自然也会紧随其后发生相应的改变。"[1]类似于污染环境和破坏生态的一系列行为触碰了国家保护公民生存发展的利益，对生态环境法益有所侵害。尤其是现代社会中人们沉浸在经济快速增长和科技发展的喜悦当中，由于生态环境的承载力有限，其逐渐惨遭破坏，而且这种破坏行为具有类型性，可以评价为刑法上的危害行为，刑法应当介入对生态环境予以保护。值得注意的是，纵观刑法修正案及相关司法解释，对这一问题也做出了回应。从 2011 年《中华人民共和国刑法修正案（八）》（以下简称《刑法修正案（八）》）关于环境犯罪的第一次"大修"开始，中间经过 2013 年、2016 年两个环境犯罪司法解释的强力推动，直到 2020 年底《中华人民共

---

〔1〕 丰晓萌：《环境犯罪的基本理论及刑法立法研究》，中国水利水电出版社 2018 年版，第 26 页。

和国刑法修正案（十一）》（以下简称《刑法修正案（十一）》）关于环境犯罪的第二次"大修"，我国环境犯罪的治理已经转向为预防主义治理模式，即通过对环境危险行为的事前预防来实现对环境资源的优先保护。[1]立法上也关注到了对生态环境法益的保护，"只有人类生存空间中的其他生态要素得到充分的保护，才能更好地保护人类的生命、健康与财产"，[2]刑法介入生态环境保护也在法理之中。

第四节　生态环境犯罪的界定

一、生态环境犯罪的概念

"生态环境犯罪"是一个十分新颖、复杂的概念，与生态学、刑法学、犯罪学和地理学等学科存在大量的交叉地带，以致对这一概念的界定出现困难。随着刑事司法理论的迅速发展和实务中对生态环境实施犯罪行为规制的需要，正确界定"生态环境犯罪"的概念显得尤为必要。但是，迄今为止对"生态环境"这一概念，学界尚没有达成共识，"生态环境"并非刑法学上的专有名词，直至今天仍有讨论的必要。最初对于生态环境类犯罪均以环境犯罪覆盖之，随着社会生活的深刻变化，国内外学者对环境犯罪概念争论不休，异说纷纭，但这对界定"生态环境犯罪"的概念具有借鉴意

---

〔1〕 王勇：《再论环境犯罪的修订：理念演进与趋势前瞻》，载《重庆大学学报（社会科学版）》2021年第5期。

〔2〕 周光权：《刑法各论》，中国人民大学出版社2016年版，第421页。

义，因为后者是前者不断拓展的结果。"生态环境犯罪"概念的出现一方面是为了弥补环境犯罪概念界定的不足，另一方面也是积极回应现实生活中创制专业法学术语的需要。

环境犯罪（environmental crime）最具代表性的观点是将其称为公害犯罪，比如日本对其的定义，是指在人类活动中由于生产生活产生大气污染、水质污染、土壤污染、噪声、震动、地面沉降以及恶臭，对人类的健康和生活环境带来损害的行为。这里所说的生活环境主要包含与人类活动休戚相关的财产、动植物和其生存环境。当然，也有观点认为公害犯罪是指环境污染，或是因为各种各样有害的制品对于公民群众的生命和健康带来威胁和危害，有着非常明显犯罪性质的行为等。[1] 由此可见，环境犯罪的概念基本涵盖环境要素，与生态要素无涉，是一个不太严密的概念，具体到司法实践中往往会出现"顾此失彼"的状况，不利于刑法对严重破坏生态系统的行为进行规制。

回顾我国的立法工作，也可见一斑。1979 年《中华人民共和国刑法》（以下简称《刑法》）首次对生态环境犯罪立法，但保护范围狭窄，未全面覆盖生态环境要素；1988 年出台《全国人民代表大会常务委员会关于惩治捕杀国家重点保护的珍贵、濒危野生动物犯罪的补充规定》，但仅是以单行刑法的形式来不断适应当时形势的需要，随后也制定了一些附属刑法来应对不断日益猖獗的环境犯罪，

---

〔1〕 丰晓萌：《环境犯罪的基本理论及刑法立法研究》，中国水利水电出版社 2018 年版，第 28 页。

如 1995 年的《中华人民共和国大气污染防治法》、1996 年的《中华人民共和国水污染防治法》，但在司法实践中效果并不明显；[1]1997 年《刑法》设立破坏环境资源保护罪于第六章第六节，共 15 个罪名；2011 年在《刑法修正案（八）》中将重大环境污染事故罪修改为污染环境罪；2020 年在《刑法修正案（十一）》中，增设了许多新罪，比如非法猎捕、收购、运输、出售陆生野生动物罪、破坏自然保护地罪、非法引进、释放、丢弃外来入侵物种罪等，而且在一些旧罪中也设置了危险犯，比如对污染环境罪的修订，已经清楚无误地传达了立法者对于生态中心观的支持，以及通过法益保护的早期化来遏制环境犯罪的法律姿态。[2]通过对立法历程的梳理，不难发现立法上开始重视对生态系统的整体性保护，建立打击生态环境犯罪的体系性，并且在逐渐完善的过程中，理论上正确界定生态环境的概念亦是刚需。

归纳起来，在我国对生态环境犯罪的概念有话语权的观点有两种：第一种观点认为，但凡违反刑法规定以及环境资源保护法和相关行政法规，对人类环境和生态环境进行破坏，并且涉嫌犯罪的行为都认定为生态环境犯罪。但不足之处在于，我国环境资源保护法和相关行政法规并未对生态环境准确进行界定，认定生态环境犯罪行为时存在

---

[1] 赵秉志：《环境犯罪及其立法完善研究：从比较法的角度》，北京师范大学出版社 2011 年版，第 58 页。

[2] 王勇：《再论环境犯罪的修订：理念演进与趋势前瞻》，载《重庆大学学报（社会科学版）》2021 年第 5 期。

模糊地带，尚有困难。第二种观点认为，生态环境犯罪的概念有广义和狭义之别。广义上生态环境犯罪的概念与第一种观点大致相投，只要是破坏生态环境的行为达到了应受刑法处罚的程度，即是生态环境犯罪；而狭义上生态环境犯罪的概念更加细致化，除了有犯罪行为本身违反与生态环境相关的法律法规之外，还需要有对犯罪人实施犯罪的损害程度有度的要求，比如造成公私财产重大损失或者人身重大伤亡，这就意味着倘若犯罪行为未导致严重的法律后果，将不以生态环境犯罪论处，这种观点值得借鉴。

　　生态环境犯罪的概念在突破以上观点不足和适当借鉴部分表述之余，在定义表达上亦要追求简洁明了，不能涂抹过于浓厚的"专业化"色彩，否则生态环境犯罪将严重阻碍民众的理解与接受，使得刑法缺乏预测可能性，也会导致与其他学科之间的交流产生隔阂，不利于跨学科互动和研究。而且，生态环境犯罪的定义也要从"人类中心主义"突围，引入"生态中心主义"理念，把人类生活和生态系统紧密联系起来，实现"人"和"生态"的双重保护。因此，本书认为生态环境犯罪在刑法学上应当定义为，是指一切违反法律规定，严重危害人类生存环境、资源和生态系统，造成公私财产重大损失或者人身重大伤亡的被刑法规定为犯罪的行为。需要强调的是，生态环境的定义在社会的日益发展过程中也是随之变化的，并非一成不变，是故生态环境犯罪的具体罪行需要被现行刑法所承认，不能仅仅停留在理论研讨之上，正如近代刑法之父费尔巴哈（A. Feuerbuch）所言"没有法律就没有犯罪，没有法律就没有刑罚"，如此定义也是符合罪刑法定原则的。此外，一种行为认定为生态环境犯罪，行为应当达到应受刑罚处罚的程度，这是实施生态环境犯罪不法行为受到刑法谴责和非难的要求，在定义中需要体现出来。

二、生态环境犯罪的特征

（一）犯罪行为隐蔽

生态环境犯罪在司法实践中往往是不易发现的，具有很强的隐蔽性，一经发现损害结果就已达到十分严重的程度。不论是自然人，抑或是单位犯罪，在实行破坏生态环境犯罪行为时均是偷偷进行，极少"光明正大"，在表现上通常有两点：一是行为上的隐蔽性，比如行为人猎杀野生动物或者砍伐林区树木，均是选择在非公共活动时间进行，甚至为"掩人耳目"精心策划，有组织有目的秘密实行犯罪行为，刻意躲避有关部门或者组织的察觉；二是损害结果的隐蔽性，比如工厂通过私自挖掘暗渠，将各种携带重金属、污染物质的工业废水排入地下或者暗道，然而，这种犯罪行为的表现周期是很长的，需要一定时间量的积累才可被发现。特别地，生态环境是一个紧密联系的有机整体，是完整的生态系统链条，犯罪行为所对应的生态环境一旦遭受破坏，受间接影响的其他生态环境也并不会因此直接感受威胁，但是，最终的危害结果也会影响到其他生态环境，加大了其"感染"的风险。

（二）波及范围广泛

生态环境犯罪的影响范围波及广泛，往往都是"牵一发而动全身"，一个生态环境要素被破会使得其他生态环境要素受到不同程度的损害，比如某些工厂通过车间下水管道向市政排污管道排放大量的废水，这不仅会污染水源和地下水，还会对周围的植被、人类健康等间接地造成长期性威胁。而且，有些生态环境犯罪行为的恶劣影响是跨地区的，2019 年 2 月 20 日"两高三部"联合发布 5 起污染环境刑事案件典型案例之一"BX 精密螺丝（浙江）有限公司及被告人黄某某等 12 人污染环境案"中，被告于 2016 年、2017 年跨越苏浙皖三省持续向长江堤坝内倾倒上千吨毒害性废物，以致整个长江流域的生态系统崩溃，造成损失 600 多万元。现代社会的生产生活相对发达，地区之间的交流几乎无任何壁垒，这也为生态环境犯罪的损害结果扩大化滋生了条件，甚至于一些十分严重的生态环境犯罪可以影响全球。生态环境犯罪不仅使得脆弱的生态系统遭受"致命袭击"，而且也给人类精神生活带来了许多负面的影响，这都是与绿色发展、可持续发展的理念相违背的。

（三）犯罪主体多样

生态环境犯罪自身的复杂性决定了犯罪主体的多样，这是一个非常鲜明的特征。一方面表现在国家机关的相关工作人员不作为、乱作为，纵容生态环境犯罪，比如水利、林业、环保等部门罔顾法律和规定，违规审批、以罚款代刑，部分地方领导干部生态意识和法律意识淡薄，以牺牲生态环境为代价，片面追求经济增长，放任破坏生态环境资源的违法犯罪活动，甚至干预执法。[1]另一方面表现在犯罪主体不局限于自然人主体，还有许多单位主体也参与进来，这也不难理解，因为大多数涉案的企业或者大型公司基本都是以"牺牲生态环境利益获取高额利润"为犯罪主线的，其内部的负责人员既无法律专业相关的教育背景，也无过高的生态环境保护意识，加之企业或公司员工也无相关的教育培训经历，"被动"生产加重脆弱的生态环境的负担量，均在高额经济回报的驱使下，给生态环境造成严重损坏。此外，在自然人犯罪主体中，多因家族式、亲友式等经营模式形成团体，有组织的进行生态环境犯罪，给生态环境犯罪的侦查活动带来了不少困境，比如证据难以固定、犯罪人相互串供等。

三、生态环境犯罪的要件

（一）主体

犯罪主体指的是依法应当承担责任，实施犯罪行为的人。[2]当然，生态环境犯罪的主体不应当只包含自然人主体，法人和国家也应当被刑法配置为犯罪主体之列，这也是理论上最具争议的地方。就法人主体而言，尽管理论探讨上存在不同的声音，但结合我国生态环境犯罪的立法状况和基本国情，应当承认法人为犯罪的主体资格，因为企

---

〔1〕《高检院有关负责人就查办生态环境领域犯罪情况答记者问》，载 https://www.spp.gov.cn/ztk/2015/2014jcgzld/hjzy/yw/201501/t20150122_88804.shtml，最后访问日期：2022 年 2 月 20 日。

〔2〕 马克昌：《犯罪通论》，武汉大学出版社 2006 年版，第 87 页。

业或者公司的行为直接、间接地实行犯罪，包括指使第三人实施的行为，一旦危害生态环境的结果符合刑法规定，单位就要对自己行为产生的法律后果承担相应的刑事责任。依据最高人民法院有关走私普通货物罪的一则答复，也可以类比得出同样的结论，最高人民法院认为"符合我国法人资格的外国公司、企业、事业单位的犯罪行为应当依照《刑法》关于单位犯罪的规定追究刑事责任。"[1]因此，将法人认定为生态环境犯罪的主体自不待言。而且，在某些生态环境犯罪中单位犯罪的危害结果远比自然人犯罪，刑法应当予以非难。就国家主体而言，这个特殊的生态环境犯罪主体也应当被认可。根据1979年国际法委员会《关于国家责任的条文草案》第19条第3款的规定，能引起国家责任的国际罪行可能产生于：①严重违反维护国际和平与安全的国际义务，如侵略行为；②严重侵犯民族自决权，如建立或以武力维持殖民统治；③大规模侵犯人权，如奴役、种族灭绝、种族隔离；④大规模破坏环境。不难发现，一国的行为一旦对整个国际社会的生态环境造成严重损害是一种违反国际义务的表现，也应承担相应的国际刑事责任。

（二）客体

生态环境犯罪的客体在理论界存在几种不同的观点：第一种观点认为，生态环境犯罪的客体是公民、法人和国

---

〔1〕 最高人民法院研究室：《关于外国公司、企业、事业单位在我国领域内犯罪如何适用法律问题的答复》，2003年10月15日，法研〔2003〕153号。

家的环境权，所谓环境权是指特定的主体享有良好的生态环境的法定权利，比如资源环境的利用权、环境状况的知情权，再比如采光权、安宁权、清洁水权等，吴卫星教授也指出"环境权有人权保障、促进立法、填补法律漏洞、教育、警示、宣示等几个功能"，[1]简言之，一旦环境权受损达到犯罪标准，即可动用刑法规制，但不足之处在于国际公共空间的生态环境犯罪与侵犯环境权无涉，比如，公海捕猎珍稀海洋生物、向太空投放污染物质。第二种观点认为，生态环境犯罪的客体是不特定多数人的生命、健康、财产以及公共安全，看似合理，实则不然。因为这种观点仅立足于公共安全，不关注对自然人的法益保护，比如非法占用农用地罪、盗伐林木罪等并未侵犯不特定多数人的权益。第三种观点认为，生态环境犯罪的客体是双重的，既侵犯人与自然的生态关系，又侵犯自然人与自然人之间的社会关系，这种表述较为妥当。刑法中的犯罪客体指的是犯罪行为侵害的受刑法保护的社会关系，[2]上述观点也正确揭示了人与自然、自然人与自然人之间的双重法律关系，这也与生态系统的整体性相符。即便这种观点也在强调人与自然的生态关系，当然，这也是生态环境犯罪客体的核心所在，但这与社会关系并不矛盾，因为刑法并非直接调整生态关系，必须借助或者依赖社会关系来调整。

---

　　[1]　吴卫星：《环境权理论的新展开》，北京大学出版社 2018 年版，第 210 页。

　　[2]　张明楷：《刑法学》，法律出版社 2011 年版，第 218 页。

（三）客观方面

生态环境犯罪的客观方面是生态环境犯罪活动的一种客观外在表现，一般包括生态环境犯罪的危害行为、生态环境犯罪的危害结果以及行为与结果之间的因果关系。就危害行为而言，是指在生态环境犯罪中犯罪人实施的破坏、污染生态环境的行为以及国家工作人员的相关渎职行为。其中破坏行为是人类在开发和利用生态环境的过程中，实行违法开采、砍伐、狩猎等有损生态环境的行为，只能由作为构成。污染行为既可以由作为构成，也可以由不作为构成，比如企业向河流中排放污水污染环境，或者企业不理睬环保行政部门的行政命令，任由废气废水累积，最终给周围生态环境造成危害。渎职行为是与直接破坏生态环境相关联的行为，比如国土、林业、水利和环保等部门的工作人员在环境污染治理、环保资金审批、环境监测等工作中玩忽职守或者滥用职权，以及实行窝藏、恶意串通、权钱交易等行为，助力犯罪人破坏生态环境的同时，给公私财产亦造成巨大损失。就生态环境犯罪的危害结果而言，是指破坏、污染生态环境的行为以及国家工作人员的相关渎职行为给生态环境造成了现实的、严重的损害结果，其结果必须符合刑法的入罪标准，不然即便是不法行为也不能科以刑罚。就因果关系而言，生态环境犯罪的因果关系较为复杂，因果关系判断需要依据以下内容展开：①严格认定相关主体实施的生态环境犯罪的事实；②合理引入专业机构、专家进行评价、环保等部门出具的相关意见，综合认定结果之因；③取证工作需要同时符合科学技术规范和刑事诉讼法的规定。

（四）主观方面

生态环境犯罪的主观方面，是指犯罪人对生态环境实行危害行为产生的损害结果持有的心理态度，我国刑法规定生态环境犯罪的罪过主要有故意和过失两种。其中，故意是指行为人明知实施的生态环境犯罪行为会对生态环境造成严重的损害结果，仍然放任或者希望这种危害结果的发生，从而构成犯罪。比如非法捕捞水产品罪，行为人明知道在禁渔区、禁渔期或者使用禁用的工具、方法捕捞水产品的行为是违反保护水产资源法规的，但却积极追求或者放任这种危害结果的发生，实施犯罪行为。过失是指行为人应当知道实施的生态环境犯罪行为会对生态环境造成严重的损害结果，但由于疏忽大意而没有预见到这种行为会导致危害结果的发生，或者已经预见但由于过于自信而能够轻信避免的心理态度。比如污染环境罪，行为人应当知道排放、倾倒或者处置有放射性的废物、含传染病病原体的废物、有毒物质或者其他有害物质是违反国家规定的，且这种行为会导致环境被严重污染，但由于疏忽大意而没有预见或者已经预见但轻信能够避免危害结果的发生，最终导致生态环境遭受损害。

生态环境犯罪刑事治理的 第二章
政策与理念

第一节　生态环境犯罪刑事治理政策的
概念、作用和特征

一、环境犯罪刑事治理政策的概念

刑事政策是刑事法律制度实践发展的产物，对于维护社会稳定、实现社会正义，抑制和预防犯罪，促进刑法及有关制度积极应对社会变革中产生的各种犯罪现象发挥重要作用。[1]在面对生活中所遇到的犯罪行为之时，其与刑法一同对该行为的违法性进行评价，并对该行为进行处罚。因此刑事政策并不是独立于法律体系之外的制度，而是与刑法典、单行刑法等共同组成我国的刑事法律体系。

在环境犯罪刑事治理政策的概念界定上，学界对此有不同的观点。有的学者认为，环境犯罪刑事政策，是指国家或执政党依靠司法力量、运用特殊的刑事制裁措施和有

---

〔1〕　王彬：《中德比较视野下的刑事政策与刑法关系构建》，载《行政与法》2021 年第 12 期。

关举措，同环境犯罪作斗争，以期有效地防止环境犯罪、保护环境的策略。[1]有的学者认为，环境犯罪刑事政策是指国家基于预防、控制和惩治环境犯罪以保护和改善生活环境和生态环境，防止污染和其他公害，维持秩序和安全，实现公平与正义的目标而制定、实施的准则、策略、方针、计划以及具体措施的总称。[2]还有的学者认为，环境犯罪刑事政策是指国家和社会依据环境犯罪的态势，为了达到预防、控制和惩治环境犯罪的目的，而制定、调整和执行的包括刑罚手段和非刑罚手段在内的一切方法和措施的总称。[3]

上述界定方式中，第一种概念界定中的"特殊的刑事制裁措施和有关举措"表述不准确，近年来我国大力推进国家治理体系和治理能力的现代化，其最根本的要求就是要全面依法治国。要求我们行政机关和司法机关作出的处罚必须于法有据，不能任意妄为，因此适用环境犯罪刑事治理政策对犯罪人或者侵害人作出处罚，其处罚的制裁措施也必须是我国法律规定的措施，而且程序上必须符合我国的规定。第二种概念界定中明确提出了环境犯罪刑事治理政策的目的，但是其在环境犯罪刑事需要治理的对象和治理措施两个方面表述得不准确，首先在环境犯罪刑事治

---

〔1〕 付立宗：《环境刑法学》，中国方正出版社 2001 年版，第 669 页。

〔2〕 廖斌：《西部环境保护的刑事政策分析》，载《科技与法律》2003年第 2 期。

〔3〕 冯军、敦宁：《环境犯罪刑事治理机制》，法律出版社 2018 年版，第 2 页。

理措施的适用的对象方面，其需要治理对象不仅仅是犯罪行为而是包括两个方面，一种是符合我国刑法规定的犯罪行为，另一种是属于我国刑法所规定的轻微违法行为不应当认定为犯罪的违法行为。二者都应当属于环境犯罪刑事治理政策的适用对象。其次是在环境犯罪刑事治理政策的治理措施方面，笔者认为应当表述得更加明确一些，这样有利于与其他环境政策予以区分。第三种概念界定唯一的不足在于其忽视了环境犯罪刑事治理政策与环境刑法之间的联系，为了达到预防和控制环境犯罪的目的，是需要环境犯罪刑事治理政策与环境犯罪刑事法律共同作用才能达到。

笔者认为界定环境犯罪刑事治理措施的概念，需要认识环境犯罪刑事治理政策和环境政策的关系和认识环境犯罪刑事治理政策和刑法的关系。

认识环境犯罪刑事治理政策与环境政策之间的关系，需要界定两个概念，即环境政策和刑事政策。环境政策是指国务院制定并公布或由国务院有关主管部门，省、自治区、直辖市负责制定，经国务院批准发布的环境保护规范性文件（包括决定、办法、批复等）。环境政策是推动和指导经济与环境可持续协调发展的重要依据和措施，在环境影响评价工作中必须认真贯彻执行。[1]刑事政策是刑事法律制度实践发展的产物，对于维护社会稳定、实现社会正

---

[1] 朱源：《国际环境政策与治理》，中国环境科学出版社 2015 年版，第 43 页。

义，抑制和预防犯罪，促进刑法及有关制度积极应对社会变革中产生的各种犯罪现象发挥重要作用。[1]而环境犯罪刑事治理政策属于环境政策和刑事政策的子概念，其中既有环保部门关于地方环境治理的相关政策要求，也有刑事法律为了保护国家、集体和个人的法益对于犯罪人或者违法人员作出的处罚。但是其与环境政策和刑事政策有所区别。其与环境政策最大的区别在于对于行为人行为的认定和对行为人的处罚两个方面。在对行为人的认定方面，传统的环境政策认定行为人的行为不符合政策的规定，会被认定为违法或者不符合规定，而违反环境犯罪刑事治理政策之时，根据行为人的行为可能被认定为犯罪或者轻微的刑事违法。在对行为人行为的处罚方面，行为人违反了传统的环境政策可能接受的是行政处罚，多是批评教育、罚款、没收、责令停产停业，而违反环境犯罪刑事治理政策之时，行为人可能会受到刑事处罚，剥夺其自由和财产，所以违反环境犯罪刑事治理政策的处罚重，因此其就需要与适用刑法相同，具有一定的谦抑性和保障性。环境犯罪刑事治理政策与刑事政策是一种包含的关系，刑事政策中包含着环境犯罪刑事治理政策，环境犯罪刑事治理政策是刑事政策在环境犯罪方面的具体适用。

认识环境犯罪刑事治理措施和刑法的关系，我们需要对刑法有着充分的了解。刑法是法律体系中一个重要的部

---

〔1〕 王彬：《中德比较视野下的刑事政策与刑法关系构建》，载《行政与法》2021 年第 12 期。

门法，凡是规定犯罪及其法律后果（主要是刑罚）的法律规范，都属于刑法。刑法又有广义和狭义之分，广义的刑法是指一切刑事法律规范，而狭义的法律规范包括刑法典和单行刑法，本文所指的刑法是狭义上的刑法。环境犯罪刑事治理政策其主要目的在于规制环境犯罪的行为，保护国家、集体和个人的法益不受非法的侵害，在主要目的上其与刑法是相同的。环境犯罪刑事治理政策颁布的目的往往是为了在环境犯罪领域内让刑法的行为规制机能、法益保护机能和权利保障机能得以实现。但是其与环境犯罪刑法的区别在于：制定主体、适用范围和公布主体等方面。首先是制定主体方面，《刑法》是由全国人民代表大会制定，而环境犯罪刑事治理政策制定主体呈现多元化的特征，中央和地方在不违背上位法的前提下，根据自己的辖区内环境犯罪的具体情况制定不同的环境犯罪刑事治理政策。其次是适用范围方面，根据我国《刑法》第 6 条的规定可以知道，我国《刑法》的适用范围，凡在中华人民共和国领域内犯罪的，除法律有特别规定的以外，都适用本法。而环境犯罪刑事治理政策的适用范围会根据其制定主体的不同，而决定其适用的范围不同，如中央制定的全国有效，地方制定的地方有效。最后是公布主体方面，《刑法》是由主席签订的主席令予以公布，因此《刑法》的修改会引起社会公众的普遍关注，普法难度较小。环境犯罪刑事治理政策是由国务院予以公布，公众的关注度较低，加大了普法工作的难度。

综上所述，在全面依法治国的背景之下，任何刑事政策应当与刑法相互协调，互为补充。所以在界定环境犯罪刑事治理政策之时，笔者认为应当加入促进刑法机能和目的实现的作用。笔者认为所谓的环境犯罪刑事治理措施是指，国家和社会根据具体的环境犯罪态势，为了保证刑法目的和机能得以实现而制定、调整和执行的，包括刑罚手段和非刑罚手段在内的一切方法和措施的总称。

二、环境犯罪刑事治理政策的作用

环境犯罪刑事治理政策对于我国刑法体系的建立和适用作用是巨大的，可以有效地解决刑法本身固有的几大问题。一是刑法具有稳定性，刑法的稳定性是基于对社会长期的利益与价值的设定与期许，表达与体现的是最低限度的社会共识与公认的根本价值，从而为社会发展提供了基本的法律保障。[1]这既是刑法的优点也是其缺点，优点在于：刑法的稳定性有利于刑法被普通公众所知晓，了解其要求并根据其规定来约束自己的行为，从而达到不违法的目的。而随着经济的快速发展，犯罪分子的手段多变、目的更加复杂，因为刑法的修订程序复杂，所以往往不能对犯罪行为作出及时的规制和惩罚，使得不法分子"钻了法律的漏洞"，会使得普通公众对于刑法产生错误的认知，也是对刑法权威性的损害。还有许多环境犯罪呈现出地域性和临时性的特点，为了个别行为而损害法律的稳定性，有

---

〔1〕 陈兴良：《刑法的刑事政策化及其限度》，载《华东政法大学学报》2013年第4期。

点得不偿失。这时环境犯罪刑事治理政策就可以对该领域的问题进行解决，一方面其制定的程序没有刑法复杂，有更高的灵活性，另一方面是制定环境犯罪刑事治理政策的主体，可以更加接近犯罪地和犯罪的人员，对于该类案件产生的原因和恶劣程度有着更深的了解，可以精准地对此类行为进行规制，达到"因地制宜"的效果。二是刑法的谦抑性，该性质决定刑法要在其他法律无法规制该行为之时才能发动，对于一些轻微的刑事案件不认定为犯罪，其他法律也没有明确规定对此类行为进行处罚之时，就需要环境犯罪刑事治理政策对此类行为进行规制，从而达到有法必依，违法必究。三是刑法具有明确性的要求。所有的法律都应具有明确性，但是刑法对明确性的要求更高，毕竟刑法涉及国民生命，自由或者财产，即刑法规定必须清楚、明了、不得有歧义，不得含糊不清。不明确的刑法规定对法治的破坏较之没有法律的规定危害更大。环境犯罪刑事治理政策的规定是对刑法条文的进一步解释，使得刑法条文更加明确，规定更加具体，使得一些理解上的歧义得以解决，从而推进我国的法治建设。

三、环境犯罪刑事治理政策的特征

环境犯罪刑事治理政策属于依附于刑事政策的具体刑事政策，其包含的特征有以下几点。

第一，合法性。刑法和刑事政策具有共同的目的，二者在手段和对象上也有相同之处，因此，刑法应该以刑事政策为指导，但这并不意味着刑法的刑事政策化就是把刑法变为刑事政策，刑事政策绝不能超越或者替代刑法。刑法的刑事政策化只能是刑事政策对刑法的制定与运行进行必要与适度的导向与调节，这种导向与调节只能在刑法许可的范围内进行。不论刑事政策如何调节和影响刑法的运作，刑法永远是刑事政策不可逾越的藩篱。[1]环境犯罪刑事治理政策作为刑事政策的子概念，其应当是刑法制定与运行的导向和调节器，不能超出刑法许可的范围。合法性是环境犯罪刑事治理政策最重要也是最核心的特征。

第二，必要性。现行的刑事政策的基本要求是宽严相济，在此背景下，要求我们环境犯罪刑事治理政策对于一些造成损害巨大、社会影响恶劣、再犯可能性大的环境犯罪行为从严从重处罚，对于一些损害小、社会影响轻微、再犯可能性较小的环境犯罪行为从轻处罚或者适用其他方法处理。环境犯罪刑事治理政策只有在情形达到一定要求时才需"出手"进行规制和救济。

第三，有效性。刑事政策与刑法在此特征上有所不同，刑法追求的是一种社会的公正性，而刑事政策在追求社会公正性的时候也需要追求惩罚罪犯和预防犯罪的有效性。刑事政策并不像刑法那样是中性的，可以成为追求各种价值的根据。如果说，罪刑法定原则是以人权保障为其根本价值的；那么，刑事政策就是以追求惩治犯罪与预防犯罪的有效性作为其价值目标的。[2]虽然刑法与刑事政策在此

---

〔1〕 张永红：《刑法的刑事政策化论纲》，载《法律科学》2004年第6期。

〔2〕 张永红：《刑法的刑事政策化论纲》，载《法律科学》2004年第6期。

特征上有所不同，但是刑事政策也是在追求公正的同时追求有效性。环境犯罪刑事治理政策在惩罚犯罪时，因为其受害的对象往往是国家的资源，其具有不可再生的特性，一旦破坏需要大量的时间和金钱予以弥补，所以环境犯罪刑事治理政策需要比普通的刑事政策更加注重有效性，以防止损害进一步扩大。

除了上述的特征之外，环境犯罪刑事治理政策与其他刑事政策相比，还具有一些其他的特征。

第一，对象的特殊性。环境犯罪刑事治理政策中的环境是指影响人类生存和发展的各种天然的和经过人工改造的自然因素的总体，包括大气、水、海洋、土地、矿藏、森林、草原、湿地、野生生物、自然遗迹、人文遗迹、自然保护区、风景名胜区、城市和乡村等。环境犯罪刑事治理政策是通过惩罚破坏环境、滥用资源等行为，节约和循环利用资源，保护和改善环境，以此来促进人与自然和谐相处的经济、技术政策和措施，使经济社会发展与环境保护相协调。

第二，预防的优先性。因为环境资源的不可再生性和有限性，决定了我们环境犯罪刑事治理政策与其他刑事政策的不同，需要我们通过加强防护、宣传、教育等方式来保护我们的环境。环境犯罪刑事治理政策对于犯罪的特殊预防和一般预防重视程度更高，要求更严。

第三，手段的多样性。由于环境犯罪侵害的法益具有特殊性和重要性、造成的危害后果也具有相当的广度和深度，所以，对于环境犯罪的惩防，刑罚手段是必不可少的。

但是，除此之外，包括行政手段、经济手段、民事手段、教育手段在内的其他非刑罚方式亦是环境犯罪刑事政策的重要手段。[1]随着恢复性司法越来越受到重视，并且在环境犯罪领域内恢复性司法与环境犯罪贴合度高，因此在许多环境犯罪刑事治理政策中都能看到恢复性司法的身影。

第四，分布的广泛性。随着近年来国家和社会对环境保护的重视，提出了一切单位和个人都有保护环境的义务。2015年1月1日"史上最严"的环保法施行和《民法典》中将绿色发展原则作为基本原则，这些更加体现出国家对于环境保护的决心。除了基本法如刑法、民法、环境法、地方性法规外，还有许多领导人讲话、有关机关的决定、决议、通知等，都会涉及环境犯罪刑事治理，由此可见环境犯罪刑事政策不仅仅是在司法机关中适用，也会在行政机关进行行政管理工作时予以适用，还会在我们普通公民日常生活中适用，可见环境犯罪刑事治理政策分布在国家和社会的各个角落。

第二节　环境犯罪刑事治理政策的运行现状

环境犯罪刑事治理政策的目的在于惩罚环境犯罪和预防环境犯罪，这些工作都不能"纸上谈兵"而是需要落实到我们的社会生活中去，需要在解决实际问题中去观察其

---

〔1〕　冯军、敦宁：《环境犯罪刑事治理机制》，法律出版社2018年版，第3页。

优势和劣势，要发扬其优势，解决其劣势，以达到环境犯罪刑事治理政策的目标。下面本书将从立法、司法、执法三个方面去讨论环境犯罪刑事治理政策的运行状况。

一、环境犯罪刑事治理政策的立法运行状况

2021 年 3 月 1 日，我国《刑法修正案（十一）》正式施行，在其草案说明中对于刑事政策的发展方向做出了指示，进一步贯彻宽严相济刑事政策，适应国家治理体系和治理能力现代化的要求，把握犯罪产生、发展和预防惩治的规律，注重社会系统治理和综合施策。对社会危害严重的犯罪保持高压态势，对一些社会危害较轻，或者有从轻情节的犯罪，留下从宽处置的余地和空间；对能够通过行政、民事责任和经济社会管理等手段有效解决的矛盾，不作为犯罪处理，防止内部矛盾激化，避免不必要的刑罚扩张。[1]环境犯罪刑事治理政策作为刑事政策的子概念，也需要遵守宽严相济的要求。随着各地对于环境保护的重视，许多地方出台的政策都对本辖区内可能发生的环境犯罪行为进行规制，并且不是一味地追求从重处罚，而是根据案件的社会危险性和人员的主观恶性进行考量和评价，对于一些严重的行为依法进行处罚。对于一些社会危险性较低和行为人主观恶性较低的案件，可以适用一些非刑罚方式进行处罚。如《宁夏回族自治区建设黄河流域生态保护和高质量发展先行区促进条例》中第 18 条的规定，县级以上

---

〔1〕《关于〈中华人民共和国刑法修正案（十一）（草案）〉的说明》。

人民政府应当因地制宜采取消除地质灾害隐患、土地复垦、恢复植被、防治污染等措施，加快开展历史遗留矿山生态环境治理和恢复，加强对在建和生产矿山的监督管理，督促采矿权人履行矿山污染防治和生态修复责任。其中明确了采矿权人具有防止矿山污染和生态修复的责任，有关机关可以对采矿权人的责任履行情况进行定期检查和随机的抽查，及时发现采矿权人的问题，能够通过行政、民事责任和经济社会管理等手段解决其问题，将破坏遏制在源头处，也减少了环境犯罪的发生。还有 2017 年施行的《最高人民法院、最高人民检察院关于办理环境污染刑事案件适用法律若干问题的解释》中对篡改、伪造环境监测数据的行为纳入刑法规制的范围，对于重点排污单位篡改、伪造自动监测数据或者干扰自动监测设施，排放重点污染物的，依照污染环境罪定罪量刑和针对环境质量监测系统实施修改参数或者监测数据，干扰采样致使监测数据严重失真，或者有其他破坏环境质量监测系统的行为，或者强令、指使、授意他人实施上述行为的，以破坏计算机信息系统罪论处。还有就是改变了环境保护人员弄虚作假的责任，由原来《中华人民共和国环境影响评价法》中单纯行政责任，改变为根据其弄虚作假所造成的损害程度，以提供虚假证明文件罪定罪或者出具证明文件重大失实罪定罪处罚。通过以上例子可以看出，我们各级机关都有通过立法机关制定宽严相济的环境犯罪刑事治理政策来规制环境犯罪行为。

二、环境犯罪刑事治理政策的司法运行状况

司法是指法律的适用，通常是指国家司法机关以及司法机关工作人员依据法定的职权和法律的规定，具体运用法律处理案件的行为。因为环境保护案件在我国缺乏完善的量刑规范和裁判经验，还有环境保护案件有着复杂的鉴定程序和难以量化的损害标准，加之审判人员对于环境保护的理念不同、认识不够，还有各地环境保护政策等问题，就会导致量刑差异较大，而且管制、拘役、缓刑、罚金适用程度高，呈现出轻刑化的特点。轻刑化的特点会使得公众对于环境犯罪产生错误的认识，会认为环境犯罪无足轻重，使得刑法的特殊预防和一般预防的效果减弱。所以在2021年7月至11月为遏制非法排放、倾倒、处置危险废物案件频发的态势，保障人民群众身体健康和生命安全，生态环境部、公安部、最高人民检察院在全国范围内联合组织开展严厉打击危险废物环境违法犯罪行为的活动。在该活动中公布了6个指导性案例，都是各地司法机关处理有关于非法排放、倾倒、处置危险废物案件，其中介绍了案件基本情况、量刑、适用的法律以及专家的点评，通过学习这些案例，可以增强审判人员对于环境犯罪的认识，学习法律的适用，以及同类型案件的量刑幅度，以达到相似案件相似处理的程度。还有我国司法机关在审判案件适用非刑罚处罚措施的案件比例较小，非刑罚处罚措施是指人民法院对于犯罪人使用的刑罚方法以外的各种处理方法的

总称，也是中国刑法规定的解决刑事责任的方法。[1]非刑罚处罚措施主要包括经济损失赔偿、训诫、赔礼道歉和由主管部门予以行政处分四种方式。其中相较于其他非刑罚处罚措施，经济损害赔偿因为在我国刑法和环境犯罪刑事治理政策中有明确规定其适用的情形和量刑的幅度，所以其适用的比例要高于其他非刑罚处罚措施的比例。不可否认，经济损害赔偿可以带来更加直观的惩罚效果，因为行为人之所以会对环境进行破坏往往是为了寻求经济利益，抱着侥幸的态度，从而进行违法犯罪。司法机关对其违法所得进行没收，并判处其赔偿损害的做法，会打消其侥幸心理，是行为人对环境犯罪的后果有所认识。但是行为人仅仅对于环境犯罪的后果有所认识是远远不够的，还需要对环境犯罪的构成要件、处罚标准，和为什么要进行环境保护有所了解，此时仅仅依靠经济损害赔偿是远远不够的，需要我们司法机关加强适用教育、训诫和赔礼道歉等方式使得行为人充分认识到自己的行为的危害性，在以后的生产生活中不再进行类似违反法律的行为。

三、环境犯罪刑事治理政策的执法运行状况

根据《2020 中国生态环境状况公报》，全国 31 个省份和新疆生产建设兵团均设立省级督察机构。制作完成 2020 年长江经济带生态环境警示片，梳理 169 个问题清单；2018 年和 2019 年警示片披露的 315 个问题已完成整改 283

---

[1] 邹瑜：《法学大辞典》，中国政法大学出版社 1991 年版，第 12 页。

个。全国 494 家垃圾焚烧发电厂全部完成"装、树、联"并公开自动监测数据，率先实现全行业稳定达标排放。全面推行"双随机、一公开"，开展执法检查 58.74 万家次。全国下达环境行政处罚决定书 12.61 万份，罚没款数额总计 82.36 亿元。[1]通过以上的数据可以发现我们国家已经从以前那种只是重视经济发展的"粗放"式发展策略转变为重视经济发展与环境保护协同发展的战略，实践证明以前先污染后治理的发展策略，不仅不能带来持续的经济发展，还会对我们的生态环境造成不可逆的破坏。为了使环境保护执法人员有着更加明确的执法依据和执法标准，在《环境保护法》公布之后环保部紧接着公布 5 项细则，包括《环境保护主管部门实施按日连续处罚办法》《环境保护主管部门实施查封、扣押办法》《环境保护主管部门实施限制生产、停产整治办法》《环境保护主管部门企业事业单位环境信息公开办法》和《环境保护主管部门突发环境事件调查处理办法》。这些细则中对于《环境保护法》中的条文进行进一步的细化，使得执法人员对于《环境保护法》规制对象和需要达到的程度有着进一步的了解，在执法的过程中适用上的难题可以通过这些细则的颁布有所解决。2021 年 3 月 1 日《中华人民共和国长江保护法》的施行，使得环境保护执法人员的执法范围并不仅仅局限于本辖区内，而是要将我们整个流域内和整个国家的环境作为一个整体进行保护。法律规定国家建立长江流域协调机制，统

---

〔1〕　参见《2020 中国生态环境状况公报》。

一指导、统筹协调、整体推进长江保护工作；按照中央统筹、省总负责、市县抓落实的要求，建立长江保护工作机制，明确各级政府及有关部门、各级河湖长的职责分工；建立区域协调协作机制，明确长江流域相关地方根据需要在地方性法规和政府规章的制定、规划编制和监督执法等方面开展协调与协作，切实增强长江保护和发展的系统性、整体性与协同性。当然仅仅依靠我们的环境保护部门及其工作人员开展环境保护工作是远远不够的，更需要普通公众也加入环境保护的队伍中，充当环保卫士，对身边环境犯罪的行为予以及时地检举揭发，把环境犯罪"扼杀在摇篮"里。在生态环境部公布的指导性案件中，有许多案件都是由群众举报，环境保护部门和公安部门立即进行调查，并对违法犯罪行为作出处罚。如：在"天津市武清区刘某某非法收集、处置废铅蓄电池涉嫌污染环境犯罪案"中，这是因为天津市建立了健全环境违法行为有奖举报机制，并在全市范围内开展的危险废物企业排查专项行动中，鼓励和引导广大群众举报重大环境污染隐患和违法违规行为，对满足条件的举报人予以重奖，形成社会舆论的高压态势。行为人刘某被群众举报其违法犯罪行为，使得公安机关可以迅速地锁定犯罪嫌疑人并对其进行处罚。在"广西河池朱某某违法倾倒危险废物涉嫌污染环境罪案"中案源也来自群众举报。将群众、社会组织和网络新媒体当作政府部门发现环境污染问题的"千里眼""顺风耳"，这同样也是精准发现环境污染线索的"金钥匙"。生态环境保护的公众参与制度取得显著成效，正是由于人民群众有强烈的环境保护意识，他们才能及时发现环境犯罪线索，及时进行举报，从而为主管机关开展环境犯罪的打击活动创造了有利条件。因此环境犯罪刑事治理政策还需要继续加强环境保护的公众参与制度，要完善举报奖励机制，扩大环境违法问题的发现渠道。

第三节　环境犯罪刑事治理政策的应然取向

环境犯罪位于《刑法》中的第六章妨害社会管理秩序罪第六节破坏环境资源保护罪中，该节规定了 9 条罪名。这 9 条是不能完全解决社会生活中的全部危害环境的行为，所以《刑法》在规制环境犯罪行为方面是有所欠缺的，需要环境犯罪刑事治理政策加以补充。而且我们的司法活动不是在机械地适用法条，而需要对背后的法律精神进行探究，对规范适用目的加以揭示。这种机动性地适用法律需要以刑事政策作为根据。因此我们环境犯罪刑事治理政策应当在符合刑法规定下建立严密的法网，弥补刑法在制裁环境犯罪方面的不足。所以环境犯罪刑事治理政策的应然取向是在坚持宽严相济的基本原则之下，在立法、司法、执法方面继续努力，实现惩罚环境犯罪和预防环境犯罪的效果。

一、立法

环境犯罪的立法政策是环境犯罪刑事政策在立法活动中的贯彻和体现。主要内容包括环境犯罪法益的确定、环境犯罪圈的划定和环境犯罪的刑罚配置问题。

（一）环境犯罪法益的确定

从刑法对环境犯罪所侵犯客体的规定中可以看出，刑法之所以将破坏环境的行为规定为犯罪，大部分是因为这类行为危害了人类的生命、健康、财产权利以及社会的管理秩序，而这些利益均是人类权利在法律上的确认，生态环境本身的权利和价值则没有得到体现。这样的立法理念使得刑法无法体现人类利益对环境权利的让渡，从而使环境法益得不到足够的重视与保护。正如有学者指出，修订后的《刑法》架构了环境刑法的雏形，这些作为环境刑事制裁集中表现形式的刑罚内容不仅囿于传统刑法理念的僵化模式，而且是单行刑法和附属刑事条款规定的汇总。缺乏一种突破性的理念追求，并没有突破传统的人本主义的思维定式。[1]笔者认为环境犯罪行为侵犯了普通公众的生命、健康、财产权利以及社会的管理秩序，所以将其作为环境犯罪的法益并无问题，因此要求环境犯罪所有条文都将保护人的权利的法益都替换为单纯保护环境法益的意见是不可取的，但是环境犯罪刑事治理政策作为刑法的导向和调节器，是可以将单纯地将环境法益作为保护的法益，先在区域内进行施行，然后观察其施行中遇到的问题和实施的效果，就如同在刑事诉讼中的认罪认罚制度，其最初是就是在刑事政策中予以规定，经过一段时间的施行之后，发现可以节约司法资源、提高司法机关办案的效率，在

---

〔1〕 杜澎：《环境刑法对传统刑法理念的冲击》，载《云南法学》2001年第1期。

2018 年时正式写入了《中华人民共和国刑事诉讼法》中。刑法也可以效仿此种方法，在环境犯罪刑事治理政策之中加入纯粹的以环境法益作为其保护的法益，适用非刑罚处罚的方式，观察其适用的效果，即是否可以有效地减少一定区域内环境犯罪的问题。此种方式不仅可以在一定程度上保护刑法自身的稳定性，还可以在一定程度上解决刑法在应对社会"新问题"之时存在的滞后性的问题。笔者认为在解决传统刑法中只是将人的权利作为法益的问题之时，需要充分发挥环境犯罪刑事治理政策的导向性作用。

（二）环境犯罪犯罪圈的划定

环境犯罪犯罪圈的划定是指在国家社会对生态环境进行管理之时，发现在管理过程中遇到的破坏环境的行为，并对其进行认定和评价，对于一些此前法律规定适用民法赔偿、行政处罚等措施不足以遏制其发生率的行为纳入刑事处罚的范围。环境犯罪犯罪圈的划定在很大程度上取决于立法者对于环境犯罪法益的重视程度，由于环境违法行为有着潜伏性、隐蔽性和复杂性的特点，同时经济发展是需要以环境损害作为代价的，此时就需要立法者进行价值的考量。随着可持续发展战略的提出和应用，立法者对于环境利益的认识已经从以前的"先损害，后修复"的观点转变为"经济和环境两手抓"不能厚此薄彼。但是一些地方还是会出现地方保护的现象，所以提高环境保护意识是十分必要的。因为现在环境犯罪圈内的罪名较少，其对于环境犯罪的威慑力不足，所以适当地扩大环境犯罪圈，形成严密的环境犯罪法网，对于环境犯罪行为予以惩罚，也是时代的要求。

环境问题是经济和社会发展的"社会成本"，人类对科学技术的不懈探索，对经济效益无止境的追求，都不可避免地带来种类更多、范围更广的环境问题，一旦某些环境问题严重到危害生态安全的程度，就必然催生出用刑法加以保护的要求，进而不断扩大刑法调控的范围。但是环境犯罪犯罪圈的划定并不是越大越好，而是需要发挥刑事法律的谦抑性，在其他法律无法解决此类问题时出手解决。现阶段关于犯罪圈的划定问题上，学者讨论最多的是，刑法在环境犯罪领域预防性的问题、噪声污染的问题和《刑法》保护的范围是否需要和《环境保护法》保持一致的问题。

预防理念是指刑法不仅要担负法益侵害的事后惩治的角色，也需要承载控制危险发生，保障社会安全的基本条件得到遵循的引导机能。但是并不是将所有破坏环境的问题都纳入刑法处罚的范围内，才可以有效地解决环境污染的问题，此种方法不仅不可以解决环境污染的问题，往往可能激化社会矛盾，从而使经济发展停滞不前。正如同2021年底，东北一些地区为了完成环境指标，进行大规模的停电活动，使得居民的正常的生产生活受到了严重的影响，此种方法是不可取的。此时就需要环境犯罪刑事治理措施来进行规制，该措施优势在于环境犯罪刑事治理政策的制定者就居住在某一地区或者其本身就是从事环境治理工作的人员，其对环境保护有着较为深刻的认识，并且对一定地域内的环境情况有所了解和认识，所以其可以根据相关认识来制定更加符合当地状况的政策，来对本地区内特有的环境资源进行保护。根据本地特有的资源情况，认定其重要性，对于一些急需刑法保护的环境资源，损害该资源的行为应规定为犯罪行为，可以提出立法建议，请求立法机关修改法律。还有学者认为，环境犯罪立法中不考虑行为本身的危险，过于强调实害结果发生的行为类型设置方式，必然造成刑法介入时间的滞后，进而严重影响刑法对环境犯罪的治理能力，也无法真正发挥刑法规范的指引功能。[1]所以其建议将在环境犯罪领域加入危险犯，这种观点笔者是十分认同的，因为危险犯的规定模式既可以弥补结果犯事后惩治的不足，又可以通过将具有典型危险行为的危害环境安全的行为规范化的方式，明确哪些行为是刑法禁止的行为，从而引导人们谨慎地对待自己实施的与环境相关的行为，警示社会公众对环境和生态安全保持高度的警惕。

　　噪声污染是指所产生的环境噪声超过国家规定的环境噪声排放标准，并干扰他人正常生活、工作和学习的现象。[2]噪声可能会带来损害，比如对被害人听力的损害，以及长时间处于噪声的环境之下可能诱发多种疾病和对睡眠也会造成影响。噪声污染是否应当加入犯罪，笔者认为应当一分为二看待，对于生产生活中无法避免的噪声，如公路上的噪声、工厂生产所必不可少的噪声，此种噪声可

---

　　〔1〕　张旭：《我国环境犯罪立法的梳理与前瞻》，载《东北师大学报（哲学社会科学版）》2016 年第 4 期。
　　〔2〕《中华人民共和国环境噪声污染防治法》第 2 条第 2 款。

以通过增加住宅外墙的隔音材料予以解决，对于这种行为可以通过行政处罚或者民事处罚的方式强制要求房地产开发商为居民予以安装。但是对于明知自己行为可能会造成噪声污染，并会对他人人身造成损害的行为，笔者认为其应当是刑法规制的对象。如近期发生的居民因为不满上层居民的生活习惯，购买震楼器进行攻击的行为和居民不满广场舞大妈放音乐而购买"低音炮"进行还击的行为，这些行为具有人身危险性和社会危害性，笔者认为此类行为在未造成严重的社会事件之前，应通过出台专门的法律规范来规制此种行为。

我国最新出台的《刑法修正案（十一）》加大了对污染环境罪的惩处力度，增加对在国家级自然保护区非法开垦、开发或者修建建筑物等严重破坏自然保护区生态环境资源犯罪的规定。其已经将《环境保护法》中环境指涉的对象，包括大气、水、海洋、土地、矿藏、森林、草原、湿地、野生生物、自然遗迹、人文遗迹、自然保护区、风景名胜区、城市和乡村等大部分都纳入了刑法所规制的范围，由此也可以看出我们国家对环境的重视。但是只有这些是不够的，环境犯罪刑事治理政策应当继续寻找可以影响我们生态环境的犯罪行为予以规制。

（三）刑罚

当前在我国刑法中环境犯罪属于较轻的犯罪，所以法定刑大多数在 3 年以下有期徒刑、拘役、管制、单处或者并处罚金。根据我国宽严相济的刑事政策原则，此限度内的刑事处罚在应对较为严重的环境犯罪问题时，存在量刑的问题。因此本文将从法定刑和罚金两个方面来论述环境犯罪刑罚配置的问题。

首先法定刑的确定并不是越重越好，过于严重的刑罚往往达不到刑法预防、控制和惩治国家环境犯罪以保护生活环境和生态环境，防止污染和其他公害，维持秩序和安全，实现公平和正义的目标，反而会激化社会矛盾。所以一些学者建议将死刑和无期徒刑纳入环境犯罪刑罚中，笔者认为此种方式是不可取的，对于法定刑的确定应当分情况进行讨论，一些故意犯罪，如污染环境罪、非法处置固体废物罪、擅自进口固体废物罪等，这些罪名的刑罚可以判处有期徒刑 10 年以上，这已经可以让犯罪人或者是普通公众充分认识到环境犯罪的危害性，所以无需再增加其法定刑，但是对于其他一些罪名如非法占用农用地罪、非法采矿罪、非法捕捞水产品罪以及非法引进、释放、丢弃外来入侵物种罪等犯罪，其法定刑是存在量刑较轻的问题，尤其是非法引进，释放，丢弃外来侵入物种罪，其行为是可以引起一定范围内环境系统的崩坏，因而笔者认为刑法可以通过系统分析各地关于此类犯罪行为造成的损害，行为人主观的目的以及事后是否采取一定的措施防止损害的扩大等情况，来设立一定的法定刑升格的情形，实现罪责刑相适应。

其次是罚金，由于环境犯罪如同经济犯罪一样，是以贪利性为主，且主要是以法人为环境犯罪的实施主体，因此，刑罚措施的使用需要多样化，尤其是以财产刑居多。因此以财产刑代替有期徒刑在环境犯罪中不仅是可行的，而且较其他刑罚措施是更为有效的。一是罚金的确定，在司法判决中对于一些自然人罚金的确定会出现所判处罚金极低的现象，如在"金某、向某甲污染环境罪"一案中，金某、向某甲将电镀产生的废水未经处理直接排放，两被告人分别被判处罚金 5000 元和 1000 元，而电镀厂毛利有 20 万元左右，扣除房租、工人工资等成本，总共赚了 2 万多元。可见罚金远抵不上获利，显然也无法对潜在的犯罪人起到震慑的作用，因而罚金的实行效果有限。而在单位进行环境犯罪的案件中，我国目前采取的无限额罚金刑给予了法官过大的自由裁量权，容易滋生司法腐败的问题。因此在罚金的确定方面需要明确的处罚标准，此时就需要环境犯罪刑事治理政策对当地的经济发展状况进行评估，从而设立一定的标准，给法官作为参考。二是罚金的作用，以"报应性正义"为价值内核的罚金刑"重惩罚、轻修复"，无法直接修复坏境犯罪对人身财产法益的损害，对环境犯罪损害的社会关系的修复效果也微乎其微，导致受害人和社会对环境刑事制裁的满意度不高；罚金刑更不具有生态恢复功能，无法补救或者恢复环境以及消除环境犯罪的持续性危害。[1]因此我们应当改变罚金的流向，改变罚金的价值内核，让其可以为环境修复贡献自己的力量。三是罚金的使用，根据我国法律规定刑事案件所没收的违法所得和判处罚金是需要上交国库的。但是近年来疫情的暴

---

〔1〕 王衍松、吴优：《罚金刑适用研究——高适用率与低实执率之二律背反》，载《中国刑事法杂志》2013 年第 6 期。

发，各地经济或多或少都受到影响，所以进行环境修复的资金有限。笔者认为是否可以将此类资金交由地方政府作为环境修复的专项资金进行使用，并要求当地政府在一定期限内对因行为破坏的生态环境进行修复。法官在判处罚金之时可以与被害人进行协调其也可以自行修复从而免除部分罚金。此种行为不仅可以为法官在判处罚金之时提供一定标准使得罚当其罪，也可使得犯罪人充分认识到自己行为的危害性从而达到刑法特殊预防的功能。

二、司法

司法不是简单的法条适用而是需要对环境案件的具体情况有着清晰的认识，再把法律适用到具体案件的行为。环境犯罪刑事治理政策在司法领域的应然取向，应当是帮助法官定罪和量刑两个方面。但是由于定罪环节重事实判断，而且需要受到罪行法定原则的限制，此时环境犯罪刑事治理政策只能在"出罪"方面提供帮助，即情节显著轻微、危害不大、不认为是犯罪。因此环境犯罪刑事治理政策主要体现在量刑方面。

《刑法修正案（八）》实施以来，环境犯罪案件的数量呈逐年上升状，证明司法机关关于贯彻从严打击环境犯罪刑事政策的成果，但在具体审判中反映出量刑不统一的现象。所以有的学者指出刑法是惩治污染环境犯罪的利器，刑法是国家立法，刑事法治不应存在明显的地区差异。良好的生态环境是社会公共产品，地方政府和司法机关应努力提升生态文明素养，全面领会党和国家关于生态文明法治建设的路线、方针与政策，充分认识保护生态环境就是保护民生、就是保护生产力、就是保护良好的干群关系，进一步增强生态环境领域执法与司法的自觉性、主动性，在法律框架内提升生态环境治理体系与治理能力现代化水平，无差别地落实国家依法惩治污染环境犯罪的刑事政策。[1]笔者认为应当辩证地看待此问题，由于我国拥有960多万平方公里的土地，有着不同的地质地貌和环境资源，所以同样的污染，因为各地的生态环境不同，所产生的生态修复也有所区别，因此各地如果是根据环境犯罪所对当地造成实质损害为标准作出不同于其他地方的判决，笔者认为其方法是可取的，也是各地司法机关学习的榜样。但是如果各地的司法机关仅仅是因为其他的无关因素所导致的量刑的不统一，其危害是巨大的，不仅可能使得公众对于司法机关作出判决的公正性产生疑问，还有可能对我们政府治理环境犯罪的决心产生怀疑。因此这种情况需要制止，环境犯罪刑事治理政策需要对本地区内的环境犯罪案例进行调查和研究，对其所造成的生态法益的损害进行鉴定，同时因为环境犯罪所造成的影响有一定的隐蔽性，所以制定部门需要定期对环境犯罪所造成损害的地区的生态修复状况和植被重新生长情况进行回访，使得制定者对环境犯罪造成的损害和对本地区内的生态情况有着更加深入的了解和认识。在此基础之上，对刑法中所规定的"轻

---

〔1〕 焦艳鹏：《污染环境犯罪的司法效能提升与多元治理机制构建》，载《中州学刊》2012年第12期。

微、严重、情节特别严重和致使公私财物遭受重大损害等"量刑标准进行细化，为审判人员提供一定标准以供参考。以及当前在治理环境犯罪的刑事司法实践中存在一种情况：一旦当事人的行为符合《刑法》环境犯罪的某一入罪条件，司法审判中就不再关注该行为是否具有该条件之外的其他入罪因素。这种做法是不完全正确的，其本质是仅对污染环境犯罪所侵害的法益做出形式识别，而没有对法益侵害的实质进行评价。因而此种行为是需要司法机关内部加强环境犯罪知识的学习和对于环境案件加强审查来进行纠正。

当然，环境犯罪的治理不能仅仅依靠法院还需要公安机关和检察机关的一同努力，才能更好地保护我们的生态法益，减少环境犯罪的发生。所以环境犯罪刑事治理政策也需要明确公安机关和检察机关的责任，公安机关作为犯罪的侦查机关需要依据刑法和刑事诉讼法律，加强证据的收集、形成和固定。既要对环境案件中行为人进行污染环境的有害物质的客观证据进行收集，又要对涉案企业或个人实施环境危害行为的具体情境进行还原，要特别注重对企业的生产流程、操作规程等进行审查，如对企业生产流程是否符合企业设立时基于环境影响评价的流程设计要求进行审查。公安机关作为侦查的主体，不仅仅需要对案件证据进行收集，还需要对涉案人员危害程度进行判断，要求其立即停止损害行为以防止损害进一步扩大。检察机关作为案件起诉机关，需要对公安机关移送起诉的涉嫌环境犯罪案件进行审查，除进行立案审查外，还要坚持对现场进行勘查，对当事人的陈述尽量通过提讯等方式进行复核。

除此之外，检察机关还可以邀请专业环境检测机关对受到损害地区的环境污染情况进行检测，弥补自身在环境领域知识不足的情况。如果环境犯罪造成严重损害符合环境公益诉讼的起诉条件，在本地环境保护组织没有提起环境公益诉讼的前提下，检察院还可以提起环境公益诉讼，要求行为人赔偿损失。

非刑罚处罚措施的适用，也应当成为环境犯罪刑事治理政策必须规定的内容。根据"报应主义"刑法论，行为在接受刑罚处罚后，根据"犯罪行为说"产生的责任就已经完成，无须对环境进行修复，这也是刑罚在环境犯罪中所具有的缺陷和不足。所以笔者认为惩罚犯罪不是刑法设立的目的，预防犯罪保护国家、社会和个人的合法权利才是刑法目的，所以在对环境犯罪行为判处刑罚之后，应当加入一定的非刑罚处罚措施，如责令其恢复生态环境、一定期限内的从业禁止、赔礼道歉等方式，这不仅可以达到刑法特殊预防的目的，还有助于犯罪人对自己的行为有着更深层次的认识和了解。对于因为情节显著轻微、危害性不大、不认为是犯罪的行为人，其只是免除刑事处罚，但是其行为还是具有一定可罚性，因此适用非刑罚处罚措施也是十分必要的，否则可能会过度放纵犯罪行为，导致对环境犯罪行为的惩罚不力。对于因经济原因而进行环境违法行为的，可以要求其赔偿经济损失，对于一些因为对环境知识不理解或者过失而进行环境违法行为可以要求其赔礼道歉、经济损害赔偿，还可以引进外国的有益经验，如加入社工制度强制要求其进行环境保护的活动并规定一定的时限，这也有利于其增加环保知识，减少其再犯罪的可能。

三、执法

本文中的执法应当包括两个方面：一方面是环境犯罪行为人在被判处刑罚之后，执行单位应当遵守的原则；另一方面是其他单位在依据环境犯罪刑事治理政策保护环境的过程中应当遵守的原则。

执行过程中首先要坚持的是行刑原则的贯彻。现代行刑活动应当贯彻教育原则、经济原则、个别化原则和社会化原则。教育原则要求我们执行机关不能只是一味地强调劳动改造，而是要适当开设一些专门的课程，要求环境犯罪的行为人对自己行为所造成的损害和对我国环境保护政策有所了解。此项制度不仅可以体现我国宽严相济的刑事政策原则，也可以降低行为人因为环境保护知识欠缺再次入狱的风险，还可以帮助其顺利地实现再社会化。经济原则是指以最小的投入来换取最大限度的回报，所以对于一些认罪态度好，有悔罪表现，积极参加改造的犯罪人，要优先适用减刑和假释制度来实现经济原则。个别化原则要求我们行刑机关要具体问题具体看待，对于犯罪人的犯罪行为要有所了解，并有针对性地进行改造，提高犯罪人的认识，使其树立正确的价值观，从而减少再犯的可能性。社会化原则是指要调动社会一切积极因素对罪犯进行改造，以帮助其顺利地回归社会。多数环境犯罪人为轻刑犯，适用的是缓刑、管制等，这时就需要发挥社会矫正部门的作用，让其关注犯罪人的思想和行为，定期邀请其参加环保活动和环保讲座，并将此项内容纳入对其考核的内容中。还可以与环境保护组织进行联系，邀请环保组织加入，通过具体的工作来使犯罪人对环境保护有更加深刻的认识。同时我们还需要关注罚金的执行问题，"执行难"一直是我国司法事件的难题，在环境犯罪领域需要环境犯罪刑事治理政策对罚金的执行有所创新，对于一些生活确实困难的犯罪人，可以与其达成执行和解协议，要求其在一定期间内通过其他环保活动来抵免罚金，通过此种方式使得犯罪人环保意识加强，降低其再犯可能性。但是对于那些有能力履行却拒绝履行的人员，通过滞纳金等方式催促其缴纳，还是拒不履行的依法起诉追究其刑事责任。罚金刑在应对单位犯罪时会有些乏力，因为单位犯罪要求缴纳的罚金对于普通人而言也许是一笔不小的数目，但是对于单位而言可能只是九牛一毛，所以环境犯罪刑事治理政策应当通过其他方式来对单独犯罪行为进行处罚，可以通过设立"黑名单"的方式使得其信誉降低，相较于罚金而言，信誉度的降低对于一些单位而言才是更加严厉的。

地方政府和环境保护部门也需要加强环境犯罪刑事治理政策的学习和应用，提高环境保护的意识和能力，加强本辖区内的管理，降低环境犯罪率。首先是地方党委和政府是我国基层治理的主体，其中心工作是管理地方行政、经济、社会等方面事务。地方党委和政府应深刻认识到防范、惩治、打击污染环境犯罪既是司法机关的职责，又是地方党委和政府在发展经济、规划产业、管理企业、治理社会中需要高度关注的重点工作，应进一步提升统筹做好各项工作的能力。与此同时还需要加强地方政府对生态环境执法的自查能力建设，建立敏感性更强的环境污染信息传递系统，及时发现污染环境违法犯罪行为。[1]其次应发挥环境保护部门的作用，环境保护部门是对属地企业或个人违反生态环境保护法律、法规的行为进行发现、识别与矫正的主要行政机关，是惩罚、治理与遏制污染环境犯罪的排头兵。所以需要对环境犯罪的法律和刑事政策有着清晰的认识，对环境犯罪的构成要件有所把握，对管辖范围内的企业或者个人所进行的危害环境的行为进行区分，行为构成犯罪的移交公安机关处理，同时帮助公安机关固定犯罪证据和对其制造的危害进行专业的解读，行为不构成犯罪的进行行政处罚。所以环境保护部门应当加强工作人员的专业知识培训和执法能力建设，定期对执法人员进行培训和对执法能力进行考核。还需要对自己辖区内的环境治理状况进行如实的汇报，帮助环境犯罪刑事政策的制定人员对环境情况有所了解，针对行为危害严重和频发的案件予以重点关注。

---

[1] 焦艳鹏：《污染环境犯罪的司法效能提升与多元治理机制构建》，载《中州学刊》2021 年第 12 期。

第四节　环境污染犯罪治理的
理念、路径和技术

一、环境污染犯罪治理的理念

犯罪治理理念是决定和影响环境污染犯罪治理方式及其效果的重要因素，所以环境污染犯罪治理理念的正确定位对于实现环境污染犯罪的有效治理，促进整个地球生态的可持续发展，都具有重要的现实意义。在环境治理的历史上，先后出现了"人类中心主义"和"生态中心主义"两种不同的环境治理理念，这两种治理理念对于环境污染犯罪的治理都产生了相当大的影响。[1]人类中心理念是指在人与自然的价值关系中，只有拥有意识的人类才是主体，自然是客体。人类的一切活动都是为了满足自己的生存和发展的需要，如果不能达到这一目的的活动就是没有任何意义的，因此一切应当以人类的利益为出发点和归宿。[2]其认为环境污染行为之所以会被处罚，是因为损害了人的法益。另一种是生态中心主义，它是一种整体论或总体主义的方法。它依据对环境的影响判断人类行为的道德价值。在讨论环境犯罪之时，生态中心主义认为不应当只是将人类的权利作为环境犯罪的法益，而是要加入纯粹的环境法

---

〔1〕　冯军：《环境污染犯罪治理的理念及其影响》，载《河北大学学报（哲学社会科学版）》2012年第2期。

〔2〕　王旭烽：《生态文化辞典》，江西人民出版社2012年版，第10页。

益。当前学术界还有一种新的人类中心主义的观点，其认为当今环境刑法所要保护的不仅要包含人的生命、健康与财产利益，同时也要将环境利益内在化，将环境利益纳入到环境刑法的保护范围，即"要保护'环境资源法益'，也要承认'环境生态法益'的独立价值"。[1]其认为我们之所以要去保护环境利益，是因为环境是我们人类长期发展所必需的。现行刑法中所贯彻的就是人类中心主义的观点，前文中有所论述。我们是否需要将环境刑法中的全部观点都变为以生态中心理论为核心，笔者认为此种方式不仅不会使得我们的环境治理更加完善，而且可能会导致法秩序的混乱，因而此种方式是不可取的。而新人类中心主义理论，是在承认人类中心主义理论的基础之上去确定环境的法益和利益，这种方式不仅免除了大幅度修改刑法的问题，而且还可以解决我国从前对于环境利益认识不足的问题。新人类中心主义继承和发展了人类中心主义和非人类中心主义中的合理成分和内涵，以正确处理人类和自然环境为基本价值尺度来构筑一种有利于人类可持续发展的环境伦理观念。由于国情的差异，我国环境刑法不能将国外环境刑法的法益任意拿来使用，所以我们应当根据自身的实际情况，吸收外国的有益经验，不能照搬照抄外国的法治模式和立法理念。笔者认为环境污染犯罪治理的理念应当采取新的人类中心主义的观点，将环境法益作为人类长期存

[1]　袁紫燕：《新人类中心主义视野下环境刑法法益研究》，载《农村经济与科技》2020 年第 5 期。

在所必需的，以此种方式纳入环境刑法的保护范围中。

二、环境污染犯罪治理的路径

环境污染犯罪的治理不能仅仅依靠刑法，而是需要整个法律体系的共同努力才能使得我们天更加蓝，水更加清。正如《环境保护法》中所说环境保护是一切单位和个人的共同责任。我们的主要目标是到 2025 年，建立健全环境治理的领导责任体系、企业责任体系、全民行动体系、监管体系、市场体系、信用体系、法律法规政策体系，落实各类主体责任，提高市场主体和公众参与的积极性，形成导向清晰、决策科学、执行有力、激励有效、多元参与、良性互动的环境治理体系。[1]因此环境污染犯罪治理的路径应当是通过健全企业责任、加强政府监管、提高公众参与度和完善法律法规几个方面共同发力。

健全企业的责任。首先，要加强对于企业排污的管理，依法实行排污许可制度，加快排污许可管理条例的立法进度。其次，要推进生产服务的绿色化，从源头治理污染问题，优化原料投入，依法依规淘汰落后生产工艺技术，还要加强企业生产能力和提高绿色生产意识。同时需要提高企业治理污染的能力，政府可以提供一定的优惠政策，让其购买治理污染的机器或者让其迁入工业区中对污染进行集中处理等方式，确保企业的排污符合法律的规定。最后，

---

〔1〕 中共中央办公厅、国务院办公厅印发《关于构建现代环境治理体系的指导意见》，2020 年。

建立企业"绿色档案"，对于企业排污的方式，排放污染的物质和可能造成的损害及时公布，保障公民的知情权。

加强政府的监管。政府首先要明确责任归属，对于一些地区内的排污问题设置考核标准，各地也可以根据当地状况设立特殊标准，以达到环境治理和环境修复的目的。其次需要加大生态环境保护督察与巡查力度，加强地方政府对生态环境执法的自查能力建设，建立敏感性更强的环境污染信息传递系统，及时发现污染环境的违法犯罪行为，这也是当前和今后一定时期内强化对污染环境行为进行行政治理的重点与难点。

提高公众参与度，强化社会监督。首先，完善公众监督和举报反馈机制，充分发挥"12369"环保举报热线的作用，畅通环保监督渠道。加强舆论监督，鼓励新闻媒体对各类破坏生态环境问题、突发环境事件和环境违法行为进行曝光。引导具备资格的环保组织依法开展生态环境公益诉讼等活动。其次，健全环境违法行为有奖举报机制，鼓励和引导广大群众举报重大环境污染隐患和违法违规行为，对满足条件的举报人予以重奖，形成社会舆论的高压态势。提高公众参与环境管理的积极性也是环境犯罪治理最重要的一步。

完善法律法规体系。首先，需要增加环境公益诉讼的主体，笔者认为现在的规定中只规定了环保组织和检察机关可以作为环境公益诉讼的适格主体，这会限制诉讼的提起和对于公众的保护，所以需要扩大环境公益诉讼的主体范围。其次，还应当进一步明确环境诉讼证明的责任主体，这才能够让环境公益诉讼的判决更加公正合理。再次，在行政法律中，需要完善环境保护标准，立足国情实际和生态环境状况，制定修订环境质量标准、污染物排放（控制）标准以及环境监测标准等，推动完善产品环保强制性国家标准，做好生态环境保护规划、环境保护标准与产业政策的衔接配套，健全标准实施信息反馈和评估机制，鼓励开展各类涉及环境治理的绿色认证制度。与此同时，需要进一步提高环境保护执法人员的专业素质和执法能力，使得我们的法律真正落到实处去。最后，刑事法律要发挥其保护性作用，同时需要关注重大的环境污染问题，在其他法律不足以保护环境利益时及时出手进行调整。同时，进一步明确刑罚的适用和刑罚的具体执行标准，使得每一个犯罪行为都受到应有的处罚。

三、环境污染犯罪治理的技术

环境污染犯罪治理的技术机制，是指凭借移动互联网、大数据分析、云计算和区块链等技术构建污染环境犯罪分类场景治理应用模式，最终建立识别与预防、监测与预警以及回应与决策为一体的污染环境犯罪治理技术体系。构建污染环境犯罪治理技术机制，对于提升污染环境犯罪情境控制和社会控制水平具有重要意义。[1]作为治理环境污染犯罪的工作单位，需要更加快速地了解当地的环境污染

---

〔1〕 汪明亮：《污染环境犯罪生成模式与多元治理机制》，载《南京社会科学》2021 年第 3 期。

状况，所以应当把重心放在环境的预防、检测和预警方面。

首先，强化监测能力建设。加快构建陆海统筹、天地一体、上下协同和信息共享的生态环境监测网络，实现环境质量、污染源和生态状况监测全覆盖。实行"谁考核、谁监测"，不断完善生态环境监测技术体系，全面提高监测自动化、标准化和信息化水平，推动实现环境质量预报预警，确保监测数据"真、准、全"。推进信息化建设，形成生态环境数据一本台账、一张网络、一个窗口。加大监测技术装备研发与应用力度，推动监测装备精准、快速、便携化发展。[1]需要将监控数据实时公布，保障公众对于环境状况的知情权，并邀请公众对于自身工作和环境保护状况进行监督。

其次，引进环境污染犯罪的识别与预防新技术。环境污染犯罪的识别和预防主要是指是在犯罪发生之前，构建相应的犯罪识别指标体系以及预防措施，从而最大程度在事前抑制犯罪行为的发生，并且为后续的犯罪行为监测和预警提供支持。需要引进污染环境犯罪的识别新技术，如3S 技术、PCR 技术、微生物技术等生物技术，动态压膜技术、DOAS 技术等理化科技，无线传感器技术、PLC 技术等信息技术，卫星遥感技术、航空油污监测技术等海洋环境监测技术等。[2]

---

〔1〕 中共中央办公厅、国务院办公厅印发《关于构建现代环境治理体系的指导意见》，2020 年。

〔2〕 黄金梅：《提升环境监测质量水平的策略分析》，载《吉林农业》2019 年第 14 期。

再次，还要设立污染环境犯罪分类场景。基于技术要素整合的环境污染犯罪分类场景治理应用，本质上是对不同应用场景进行数据选择和特征建模，以达到识别和监测污染环境犯罪行为的过程。例如，涉污染企业周边的土地监测、水体监测、大气监测与评估机制、涉污染企业风险预警和污染环境违法犯罪快速响应机制等应用模式的数据源筛选和特征建模过程等。

最后，需要建立环境污染防治应急部门。其成员应当具备丰富的环境犯罪防治知识和相应的技术水平，在接收到相关预警信号后及时作出回应和决策，从而尽可能降低环境污染犯罪行为的社会危害性。同时要定期举行演习和宣传活动，让相应的环保行动可以被公众知晓和提高公众的环保认识；并建立一体化工作平台，借助现代的通信技术和信息技术，使得各个部门对于环境状况有着清晰的认识，从而加快各部门的反应速度。

生态环境犯罪的构成及罪名体系

　　生态环境犯罪的构成是衡量某种环境违法行为能否成立生态环境犯罪的具体标尺，包括环境犯罪客体、环境犯罪客观方面、环境犯罪主体和环境犯罪主观方面。但是作为一类新的犯罪类型，不管是从生态环境犯罪的产生原因、犯罪行为还是从损害后果来看，都与以前的传统犯罪有着较大差异。因此，对于生态环境犯罪的构成进行科学的界定，不仅是对生态环境犯罪本质特征的认识和高度概括，而且也是对生态环境犯罪进行刑罚适用的前提，更是进行生态环境治理的重要前提。生态环境犯罪客体即生态环境资源，因而我国有学者认为，生态环境犯罪是对危害生态环境资源犯罪的简称，有的国家也称为公害生态犯罪或破坏生态环境资源保护犯罪。在生态环境犯罪的客体方面，对环境利益与人类利益之间关系的不同认识决定了其内容和范围，关于生态环境犯罪的内容和范围及环境犯罪中因果关系的认定规则依旧没有定论；在环境犯罪的主体方面，对于生态环境犯罪主体认定的自然人模式和单位组织模式的理论对立且尚未统一；在环境犯罪的主观方面，严格责任论以及恢复性司法理论已经对传统罪责模式原理提出了极大的挑战。本章将对生态环境犯罪的构成进行概述，对有关概念进行界定，分析中国大陆地区环境犯罪构成的学说，并对国内外生态环境犯罪的罪名体系进行比较。

第一节　环境犯罪的主客体

"环境的破坏与污染是伴随着社会的高度产业化而出现的现象。环境问题，无论资本主义国家还是社会主义国家，是世界先进国家中共同的烦恼。"[1]人类的生存和发展离不开生态环境，人类在利用和改造自然的过程中实现了经济的迅速飞跃。然而在片面追求经济和文化效益的目的下，人类对自然环境资源的使用肆无忌惮且毫无节制，工业发展模式均过度依赖生态环境资源的使用。

随着工业化程度的进一步加剧，这种无节制的粗放式经济发展模式导致全球气候变暖、臭氧层破坏、土地沙漠化、水资源枯竭、有毒化学物品污染、食品安全问题，严重破坏了人类赖以生存的生态环境，这使得人们逐渐意识到生态环境保护的重要性，对于生态环境保护的呼声也日渐高涨。这股呼声引发了刑法学界对于生态环境犯罪的思考，促使刑法学者在环境法学与刑法学的融合中制定应对生态环境犯罪的合理举措，并试图在传统刑法学和当代刑法学的博弈中建构独立的生态环境刑法学体系。

---

〔1〕 ［日］原田尚彦：《环境法》，于敏译，法律出版社1999年版，第2页。

一、生态环境犯罪的主体

（一）生态环境犯罪的自然人主体

自然人作为生态环境犯罪的主体，这一点在国内外的立法和理论界均不存在争议，这里说的自然人和普通犯罪中所指的自然人并没有本质上的区别，通常来说，自然人主体是指达到刑事责任年龄并且具有刑事责任能力的自然人，实施了危害社会的行为，依法应当负刑事责任。刑事责任能力是指自然人在实施危害行为时对自己的行为具有辨认能力和控制能力。自然人作为生态环境犯罪的主体，往往是由于公民自身的行为危害到了生态环境资源，造成了严重后果而构成犯罪，应当承担刑事责任。我国《刑法》中关于"破坏环境资源保护罪"中的所有犯罪都可由自然人实施，即只要是能够辨认和控制自己行为的年满16周岁的自然人，都可以成为"破坏环境资源保护罪"的犯罪主体。

自然人相对于公司、企业来说对生态环境资源造成的损害，其损害后果的规模和范围都是可控的，但公司、企业生产活动所造成的生态环境污染会对人类生存造成更为严重的危害，因此要遏止生态环境恶化的趋势就必须在法律上确认公司、企业作为生态环境犯罪的主体。这一点已经得到了学术界的普遍认同，现代对单位生态环境犯罪往往采取更为严厉的刑事政策。[1]

---

〔1〕　陈炜、孙昌军：《试论单位犯罪中责任人员的认定与处罚》，载《法学评论》2000年第1期。

（二）生态环境犯罪的单位主体

我国《刑法》第 30 条规定，公司、企业、事业单位、机关、团体实施危害社会的行为，法律规定为单位犯罪的，应当负刑事责任。可见我国《刑法》是以"单位犯罪"来确立法人的刑事责任的，这一界定不但包括了所有法人的犯罪，也包括了法人这一概念难以包括的所有事业单位、机关、团体的犯罪，从而解决了环境犯罪主体的认定问题。法人作为生态环境犯罪的主体，其主体地位的确定能够在最大程度上发挥刑法的威慑作用，促使法人在经济建设过程中将经济利益和环境利益相结合，预防和减少法人犯罪的社会危害性。而且理论上刑法追求对单位生态环境犯罪的预防及治理效果，这使得单位犯罪归责理论又有了新的发展。

归根结底，《刑法》总则部分关于犯罪的构成和处罚方式的规定，是为了给刑事责任的追究与否和如何追究奠定基础。研究单位生态环境犯罪的刑事责任问题，对于刑法和环境资源保护法都具有重要意义。刑事责任是连接犯罪与惩罚的桥梁，它的作用是调节罪与罚的关系。因此，经过对单位生态环境犯罪的上述系统研究，那么单位生态环境犯罪的"刑事责任"认定是分析把握归因理论的主线。犯罪是违反刑法规定的，刑事责任是刑法规定的法律责任，刑法的存在本身就说明了刑事责任在法律基础上的重要性。刑事责任具有国家的强制力，通常由国家司法机关追究，适用过程往往比较严厉，具有较广泛的社会影响。关于单位环境犯罪的，依法追究刑事责任，实行两罚制，对单位处以罚款，不设限额，没收违法所得；对自然人适用各种自由刑，对其环境违法行为的查处应当重于其他责任追究。研究单位环境犯罪的刑事责任，一方面可以对单位和相关行为人起到惩罚作用，具有特殊的预防作用，另一方面可以产生广泛的社会影响，对单位和责任人起到震慑作用，对社会公众起到引导作用，起到普遍的预防效果。追究单位环境犯罪的刑事责任，可以突出环境保护的重要性，提高人们对于环境保护的意识。

1997年《刑法》的修订，我国环境刑事立法取得了重大突破。此后，立法机关和司法机关通过立法完善和司法解释，完善了自然人和单位的环境刑事责任。我国现行立法对单位环境犯罪刑事责任的规定表现为：

第一，单位环境犯罪刑事责任的处罚方式。《刑法》第六章第六节规定了破坏环境资源保护罪，包括9条、14个罪名。《刑法》第三章还规定了一些与环境犯罪有关的罪行，如走私珍贵动物罪和走私废物罪。大多数罪名根据罪行的严重程度有多个量刑档次，所有罪名都有具体的量刑幅度，这便于在审判过程中适用。例如，违反《中华人民共和国森林法》的规定，非法采伐森林或者其他林木，数额较大的，处3年以下有期徒刑、拘役或者管制，并处或者单处罚金；数量巨大的，处3年以上7年以下有期徒刑，并处罚金。通过上述分析可以得知，刑罚种类的基本模式是"主刑+财产刑"，有的是"自由刑+财产刑"，有的是单处自由刑或者财产刑。其中，主刑主要以短期自由刑为主，如有期徒刑、拘役等。附加刑包括罚金和没收财产，其中罚金刑的适用范围很广，没收财产仅适用于非法狩猎、杀害珍贵、濒危野生动物等情节特别严重的案件。从具体的刑罚形式来看，15 种罪名均被判处有期徒刑、拘役，占总数的 100%，10 种罪名被判处管制，占总数的 67%。在新增处罚中，仅有 13% 罪名的刑法处罚方式是罚金刑，包括对非法猎捕、杀害珍贵、濒危野生动物罪和非法收购、运输、出售珍贵、濒危野生动物及其制品罪。由此可见，对整个环境犯罪的处罚主要是自由刑和罚金刑。

第二，单位环境犯罪的刑事责任追究原则，根据《刑法》第 31 条、第 346 条的规定，单位环境犯罪的处罚原则是"双重惩罚"，即双罚制，是指单位在犯罪中不仅对单位判处罚金，而且对其直接负责的主管人员和其他直接责任人员判处刑罚。在市场经济活动中，企业和公司在经济发展过程中起着重要作用，他们是市场经济活动的重要主体，也是环境污染和生态破坏的主要实施者。在我国，在符合可持续发展要求的同时，也要求严惩追究单位环境犯罪的刑事责任。在单位环境犯罪中适用双重处罚原则，是对企业、公司和机关团体进行刑事处罚的一种灵活规定。

二、生态环境犯罪客体的学说概览

目前关于生态环境犯罪客体的学说主要有以下两种：

（一）传统法益保护说

该观点认为，刑法并不保护环境，只有当人类生命和健康及其财物的法益因环境破坏而受到损害或威胁时，才考虑进行环境刑罚。这种观点基于传统的人本主义法益思想。因为，环境不是利益的归属主体，不能反映利益，环境利益只有透过人才能表现出来，故而只有在人身利益受损的情况下才需要刑法的适用。因此，对环境的保护，目的在于保护人本身的利益，如果人本身利益没有受到损害或威胁，则无刑事制裁可言。[1]

（二）环境法益说

环境法益说认为，环境犯罪侵害的法益，概指生态学的独立环境法益。水、土壤、空气、植物、动物等应作为刑法的保护对象，应将这些内容归纳为整个"环境"法益，以示与个别保护对象相区别。生活环境本身即为刑法所应加以保护的法益，污染或破坏环境的行为在刑法上的评价，即可认定为刑事不法，而非行政不法，并不只是生命法益、身体法益或财产法益，而亦包括环境法益，由于生态环境的破坏足以导致生命、健康或财产的危险或实害，故刑法保护环境法益，亦属间接保护个人生命、身体或财产法益。[2]

在法理学中，价值的意义来源于伦理判断，它是以人类对自然事物的认识为基础。环境伦理学对环境刑法的影响不言而喻，自环境伦理学概念出现以来，出现了各种各样的观点，但它们始终围绕着环境的地位这一中心问题，以下是各种观点中的一种观点，即人类中心主义。

---

　〔1〕　许玉秀：《环境刑法规范的过去、现在与未来》，载《环境刑法国际学术研讨会论文辑》1992年，第616页。

　〔2〕　林山田：《科技发展与刑事立法》，载《社会科学与科技发展研讨会论文集》1983年，第241页

人类中心主义分为强人类中心主义和弱人类中心主义，强人类中心主义是在近代科技有了巨大发展、人类认识自然和改造自然的力量有了巨大提高、人在自然界面前的地位有了极大改变的情况下产生的，它认为人类才是万物的中心，世界上的一切都是围绕人类而存在的，一切从人类的利益出发，为人类的利益服务，环境本身是不被保护的，仅仅出于维护人类健康和生存的需要才对其进行保护。

弱人类中心主义是21世纪伴随着全球资源环境和生态危机的出现而出现的。其核心理念是，要解决人类面临的环境生态危机，人类必须保护自然资源环境，与自然和谐相处。学者们将弱人类中心主义的整体内涵概括为三个方面：第一，坚持以人为本，坚持以人为主体，坚持以自然为客体，坚持以人的利益为出发点和落脚点。第二，人不是一个狭隘的概念，它涵盖了今世后代的所有人，因此，在一定的时间和空间内，对人的需求，特别是非理性的需求，应该有一定的限制。在满足人民群众在一定空间和时限内的需要的同时，不应损害其他地区和子孙后代的需要，即要实现整体利益、长远利益和局部利益、现实利益的平衡。在当代社会中，对环境的广泛破坏和掠夺、吃祖先的食物和切断后代的道路，实际上是以个人和群体利益为中心的强人类中心主义的表现，侵犯了他人的整体利益和长远利益，不符合弱人类中心主义的内在要求。弱人类中心主义的含义与可持续发展的含义基本相同，只是前者是一个更加丰富和深刻的概念。第三，人类对非人类负有道德责任，应当给予道德关怀，不是因为它们具有内在价值或权利，而是为了保护人类的整体和长期利益。

另一种观点是非人类中心主义。动物权利论下，人不仅对人负有义务，而且对动物负有直接的道德义务。伤害动物是错误的，我们在道义上有义务废除给动物造成痛苦的做法，例如娱乐狩猎，因为它们给动物造成了不必要的痛苦。以生物为中心的动物权利理论没有足够宽广的道德视野，无法为动物以外的生命提供必要的道德关怀。自然主义者的自然客体有其自身的价值，应享有与人类同样的生存权利和发展权利，适当的环境伦理必须对无生命的生态系统、自然过程和其他自然生命具有道德利益。环境伦理学必须是整体性的，因为它不仅承认与自然事物之间的关系，而且承认生态整体，如物种和生态系统，是具有直接道德地位的道德顾客。回首传统伦理道德，我们可以看到，一切都建立在人与人的关系之上，也就是说，善与恶只是相对于人与人的关系，其他自然界的生物都从法律的价值构成中缺失。但环境伦理学也有其发展过程，其影响着法律价值的重塑。我们经历了从强烈的以人为中心的伦理向非以人为中心的伦理的转变，从非以人为中心的伦理向较弱的以人为中心的伦理的转变。这一转变是环境伦理学的一次重大变革，为生态环境刑法的研究和环境犯罪的客体提供了伦理基础。弱人类中心主义既考虑人的利益，又考虑生态利益，并将二者有机地结合起来。它是最科学的环境伦理学说之一。

三、我国环境犯罪客体学说评析

根据罪刑法定原则，只有当破坏自然环境的行为为环境刑法所禁止时，即环境刑法对破坏环境行为的消极价值进行评价时，才能构成犯罪。环境刑法国家通过环境刑事立法对破坏生态环境资源的行为进行规制时，生态环境违法行为就成为生态环境犯罪的对象。刑法是一种不得已的恶，刑罚是最严厉的制裁手段之一，刑法只能作为保障法而存在，如果民法规范、经济法规范、行政法规范等第一规范或第一规范难以调整生态环境违法行为时，则可以强制执行第二保护，即刑法保护。从环境刑法规范的角度来看，环境刑法本身并不产生新的义务，而是对其他环境保护法律中已经确立的规则给予更为有力的承认，并对严重违反这些规则的行为施加更严厉的制裁措施。环境刑法具有极强的惩罚性，而其他环境法则以这种惩罚性法律为依据，以充分承认其各自的义务。环境刑法规范中对环境损害的负面评价往往体现在其行政从属性上，即环境犯罪的违法性往往并不直接违反刑法本身关于环境犯罪的具体规定，因为刑法本身并没有明确规定违法行为的标准，相关的违法标准是经济法律、行政法规是否全部或者部分符合刑法处理的构成标准。

无论是大陆法系还是英美法系，危害环境罪都属于行政法的范畴，被称为行政犯罪，这是一种常见的现象。日本学者大谷认为，行政违法，也称为法定违法，法定犯是指"原来没有违反社会伦理，而根据法律被认为犯罪者，在由于行政取缔的目的被认为犯罪的意义上，成为行政犯"。这种属于行政法范畴的犯罪行为，如果违反了行政法的规定，一般就被认定为行政犯罪。由于我国《刑法》颁布较晚，在制定的时候也没有其他的刑事法律规范，所以在我国的《刑法》中就有相当多的行政犯罪。对行政违法行为的制裁以行政法规范的规定或行政机关的决定为前提。学者称为"行政刑法的行政从属性"。在我国刑法中，所有关于环境犯罪的条文都以违反相应的环境资源行政法规为前提。有学者认为，环境刑法规范不应具有行政从属性。行政法是调整行政关系和由此产生的行政监督关系的法律规则和原则的总称，或者因行政主体行使职权而产生的调整各种社会关系的法律规则和原则的总称。"无论是行政关系，还是因行政主体行使职权而产生的各种其他社会关系"，都因为其管理职能的存在而易于改变。因此，传统行政违法的前提是不断变化的，这就使得对行政违法行为的认定、处罚和预防不稳定。

此外，环境法益具有独立性，一些环境损害行为不是以行政过错为前提的，这就落入刑法对环境犯罪的独立处罚范围内。事实上，行政犯与自然犯的区分标准并不明确，就像大谷所说的那样，行政犯不违反社会公德，因为环境犯罪违反的是薄弱的人文环境伦理，那么环境犯罪就应该属于自然犯罪，这与传统的环境犯罪是行政犯罪的观点相反。可以说，环境刑法体现的行政从属性与行政犯罪和自然犯罪的划分并没有直接关系。环境刑法规范中的环境损害具有价值评价，不仅应体现在行政法上，还应体现在其他环境法规上。其前提是违反广义的环境保护法律，包括法律、法规、司法解释、规章、决定和命令，以及我国加入的有关环境保护的国际公约、多边条约和协定。总之，环境刑法并没有设定新的义务，这意味着环境刑法规范的调整对象已经被其他环境保护法律规范所预先调整，所以环境刑法的调整对象应当在其他环境保护法律规范中找到。环境刑法作为第二次调整的法律规范，其所调整的社会关系与民法、行政法等其他法律所调整的社会关系相同。立法者认为，统治阶级的一些环境利益必须受到环境保护法的保护，统治阶级的重要环境利益必须受到最严厉的环境刑法的保护。

统治阶级保护的重要环境利益对统治阶级具有重要的价值，环境犯罪是对统治阶级重要环境利益的侵犯，是重大的反社会行为。环境刑事立法体现了统治阶级的价值评价。当立法者的价值评价以法律的形式表现出来时，价值评价就以规范的形式表现出来，环境效益就上升到环境法的效益。刑法规范的内容包括禁止某些行为，即下令保护某些合法利益和促进某些价值观实现的某些行为，比如下令禁止损害个人或国家正在享有的生命、身体、自由、名誉、财产或合法利益和价值观的行为。环境刑法规范反映了国家的意愿，即命令其国民及其国家机关采取必要的环境保护行动，以实现其环境管理权利，保护社会、组织和个人的环境法利益，并禁止有害的破坏环境的行为。刑法对环境保护的限制在于没有针对环境行为的刑事措施。即使可以利用刑法对危害公共安全和自然资源的罪行作出规定，这些规定也只与环境利益有关，没有直接目的。根据刑法规定，犯罪是行为人严重侵犯他人权利的行为。当这种侵权行为具有明显的反社会危害性时，就可以进行处罚，以实现社会公平。根据传统价值观，环境利益只是那些必须依附一定数量的人而不能独立存在的利益。环境是人类的共同财产，不是作为个人的物质基础而存在的。

因此，在传统刑法规定的危害公共安全罪、破坏自然资源罪等罪名中，虽然它们与环境利益有着间接的联系，但它们的性质与环境利益有着很大的不同，这两类犯罪的客体都是基于环境利益的社会关系的"人"的基础上。目前，环境伦理学的价值已经无法取代传统法的价值，但科学的环境观和环境价值观为环境立法奠定了坚实的理论基础。现代环境立法必须在不断完善的基础上，体现和确认这种新型的人与环境的关系。因此，从法律的角度来看，在人类中心主义与天人和谐法律观，环境立法的目的应该是保护环境，这一目的不仅是保护人类健康，也是造福子孙后代，实现可持续发展，保护享有环境的人权和自然权利。就法律的基本概念而言，人类利益仍然应当在现行法律理念中占统治地位，只不过此种利益的实现必须以环境伦理的价值观对传统法价值观存在的缺陷予以补充和完善为基础。

第二节　生态环境犯罪的主观方面和客观方面

一、环境犯罪的主观方面

环境犯罪的主观方面是指行为人对污染、破坏环境行为可能造成的危害环境资源的后果的所持的心理态度。环境犯罪的主观方面是构成环境犯罪的要件之一，包括犯罪形式、犯罪目的和犯罪动机。在传统刑法中，环境犯罪的主观方面仅包括故意和过失，但鉴于环境犯罪的特殊性，有学者认为在主观方面应增加非过失责任，即严格责任。大陆法系国家的传统刑法理论认为，行为人的主观过错是刑事责任的基础，故意和过失既是犯罪构成的必要要件，也是确定刑事责任的前提条件。在这一理论的基础上，如果行为人没有主观过错，就不承担刑事责任，这已成为不争的事实。然而，将这一理论应用于环境犯罪，特别是环境过失犯罪，却遇到了诸多阻力和挑战。

（一）环境犯罪的故意形态

根据《刑法》第14条的规定："明知自己的行为会发生危害社会的结果，并且希望或者放任这种结果的发生，因而构成犯罪的，是故意犯罪。故意犯罪，应当负刑事责任。"可知环境犯罪故意包括两个要素，一是"明知"，其属于心理学上的认识因素；二是在"明知"前提下的"希望"和"放任"，则其就属于心理学上的意志因素。因此，环境犯罪的故意应包含认识因素和意志因素。

1. 环境犯罪故意的认识因素

（1）对构成要件客观事实的认识。犯罪的客观事实要件是指行为所表现的客观外在表现，行为所造成的损害的结果，以及行为与结果之间的因果关系。因此，对犯罪构成的事实认识应当包括对行为的认识、对结果的认识以及对行为与结果之间因果关系的认识。第一，行为意识。行为是一个人的身体或器官在思想和意志的共同控制和作用下对外界的反应和反应的运动或不运动。[1]就环境犯罪而言，行为的形式是危害环境的作为或不作为。如我国《刑法》第六章第六节规定的以破坏环境罪的作为形式出现的环境犯罪。但是，环境犯罪中不作为形式的犯罪需要进一步解释。不作为犯罪是以特定的义务为前提的，根据刑法理论，只要有法律义务、责任义务、合同义务和后续义务，就可以将不作为的来源分为四类。因此，污染环境罪显然是行为人应当承担后续义务的不作为，而不是作为。第二，后果意识。犯罪结果是指在犯罪行为的直接作用下，受到刑法保护的广义的身体客体或利益关系发生的有害变化。在刑法理论中，犯罪的结果通常分为两个层次：第一个层次是对人的生命、健康和财产的损害，也是传统意义上的损害；第二个层次是对环境本身而不是对人或对人所拥有的财产的损害，也称为环境后果。

（2）对行为违法性的认识。违法行为是指行为人因自己的作为或不作为而违反国家法律、法规，对社会造成严

---

〔1〕　童伟华：《犯罪构成原理》，知识产权出版社2006年版，第212页。

重影响或严重威胁合法利益的行为。在我国刑法理论中，行为人必须先知道自己行为的社会危害性，即行为人必须先知道自己的行为违反了国家的法律、法规或者违背了社会的道德价值。这种对非法性的认识更强调犯罪者所违反的社会和道德价值观的了解或先知先觉。其中，有观点认为，犯罪故意只要求行为人知道其行为的社会危害性，而不要求行为人知道其行为的非法性。[1]换言之，只要行为人能够认识到自己的行为会对社会造成严重的危害，就构成犯罪。根据这一观点，犯罪的故意要件只表现在行为人"知道他的行为对社会的影响"，这是因为我们的刑法规范符合我们社会的行为价值观。一个行为的社会危害性和非法性是相互明显的，如果知道该行为具有社会危害性，自然知道该行为必须受到法律的禁止，那么就完全没有必要将明知是违法的内容单列出来，以免因为不懂法律而被规避。由于环境犯罪在行政上的从属地位和价值冲突，随着经济的发展和人类环境问题的深化，环境犯罪的范围将依法扩大。因此，在某些情况下，行为人无法确认其行为的非法性。但是，如果行为人是从事相关职业或领域的人员，利用自己的专业知识对该行为的社会危害有一定的了解，或者虽然不具备相关专业知识，但能够根据生活常识判断，实施该行为有危害社会的危险，则可以认定行为人具有犯罪故意。[2]

---

〔1〕 陈浩然：《理论刑法学》，上海人民出版社 2000 年版，第 188 页。

〔2〕 高铭暄、马克昌、张秉志：《刑法学》，北京大学出版社、高等教育出版社 2005 年版，第 116 页。

2. 环境故意犯罪的意志因素

故意犯罪的意志因素是指行为人希望或者放任危害结果发生的心理态度，即行为人明知自己的行为会对社会产生危害后果，仍决心实施该行为的主观心理态度。因此，认识因素是故意犯罪的前提和基本条件，意志因素是故意犯罪的决定性因素，是故意犯罪的主要依据。本罪的故意要件既包括希望，也包括放纵。环境犯罪中的希望表现为行为人对环境损害结果的积极追求，这是明显而坚决的。但是，我国也有学者认为，环境犯罪的行为人不可能追求或希望造成环境污染的危害后果，因为环境是人类生存和发展的物质基础，任何人都无法避免环境损害造成的危害。笔者认为，环境犯罪不存在直接的意志因素，如果行为人自己知道向水体、大气、土壤排放有毒物质，必然造成重大人身伤亡或者公私财产损失，则本罪的性质发生改变，不再是直接侵犯环境权益、间接损害财产和人身利益的环境犯罪。在司法实践中，这样的案例也不在少数。例如，在曹宝章案件中，法院最终没有以环境犯罪论收场，而是以投放危险物质罪认定。环境犯罪中的放任态度，表现为行为人对环境损害的结果不追究，而是故意姑息。在现实生活中，行为人实施环境犯罪不仅仅是为了破坏或污染环境，而是在盲目追求商业利益的过程中，放任环境破坏或污染，此种放任行为是商业利益的副产品。因此，在环境犯罪的意志因素中，放任态度是比较常见的。刑法规定的破坏生态资源罪，即行为人明知乱砍滥伐林木、猎捕国家重点保护野生动物、采矿等行为会造成严重损害后果，但仍然放任这种损害后果的发生，其行为有一定的目的和动机，具有直接和间接的故意。

（二）环境犯罪的过失形态

根据《刑法》第 15 条第 1 款关于过失犯罪的定义，环境犯罪的过失是指自然人或非自然人在破坏自然资源的过程中，应当预见到自己的行为可能对社会造成危害后果，但因过失无法预见，或者因轻信容易避免，致使危害结果发生。过失犯罪是我国刑法规定的另一种犯罪形式。过失犯罪的主观恶性远远小于犯罪故意。与故意犯罪相比，过失犯罪的主观态度具有以下两个特点：一是实际认识与认知能力相分离。也就是说，行为人有能力、有条件认识到自己的行为在当时的情况下可能造成严重的社会危害，但由于行为人的粗心大意，或者虽认识到危害，但错误地认为自己有能力避免，致使危害结果发生；二是主观愿望与实际后果相分离。也就是说，行为人主观上并不想甚至拒绝有害社会后果的发生，但由于自身能力不足等原因，错误的认识导致其主观愿望和预期后果发生偏差，最终导致损害结果的发生。

1. 环境犯罪过失中的预见义务

环境犯罪过失要求对危险行为进行预见，而可预见性的前提是行为人能够预见危险行为。可见，可预见性显然是一种可预见性义务，不仅包括法律、法令、机关和企业规定的义务，还包括日常生活规范产生的义务。这种义务是一种注意的义务，因此，注意的义务是指行为人有责任注意某一行为是否侵犯了合法利益，以及如果他不这样做是否违反了某项法律义务。[1]在我国刑法领域，注意义务可以分为结果预见义务和结果避免义务。预见结果的义务要求行为者在主动或被动从事或不从事某项行为时谨慎、认真和高度自觉，认识到这种行为或不行为可能危及社会结果。避免后果的义务要求行为者保持负责和自觉的态度，并采取一系列措施避免其行为的后果，如果他已经预见到对社会的后果。一般认为，行为人违反对前者的注意义务是过失，而违反对后者的注意义务是过于自信的过失。

结果预见的义务是基于预测某一特定危险结果的可能性，而环境污染危险在大多数情况下是一种未知的危险。由于行为人无法事先预见损害的特定结果，因此无法确定行为人主观上是否有过错。不能预见具体损害的后果并不意味着行为人不了解危险行为和损害的可能后果，而只是不能预见具体损害的后果。但行为人应有预见损害结果的可能性，这就是抽象的可预见性。在此基础上，只要行为人存在这种抽象预见的可能性，就可以认定行为人有过错。然而，当这一原则适用于环境犯罪时，就会出现问题。因为企业在使用先进的技术来发展生产力的时候，自然会产生一定的危害，这是不可避免的，比如环境污染。但这种危害是利用科学技术的发展、先进技术造成的，行为人无法预测具体危害的结果，即没有可预见的可能性。如果结果可预见性义务的理论继续存在，这将使犯罪者摆脱法律

---

[1] 陈兴良、周光权：《刑法学的现代展开》，中国政法大学出版社2006年版，第204页。

制裁。

2. 单位环境犯罪中的过失形态

从司法实践来看，除自然人外，环境犯罪的主体也包括相当数量的单位，特别是环境污染犯罪。由于单位环境犯罪对自然人造成的危害较大，所以刑法对涉案单位从重处罚。从单位过失犯罪的过程来看，首先应从注意义务入手，其次从单位违法犯罪意识入手，接着看单位违法犯罪意识转变为单位过失犯罪意愿，再从单位过失犯罪意愿转变为单位过失犯罪行为，从而导致严重危害社会结果的发生，单位犯罪的本质是单位违法犯罪意识。如果单位没有意识到自己的行为所造成的危害后果，或者单位轻信自己的行为所造成的危害后果，就违反了注意义务或者避免后果的义务，也可以构成玩忽职守犯罪和过于自信的犯罪。随着市场经济的发展、经济组织的建立，法人作为市场主体之一的特征越来越明显。但是，单位社会结构的变化或者单位的过失，为单位过失犯罪提供了滋生地，如单位为了追求利润最大化，可能故意或过失地违反环境法的规定，对环境的保护不闻不问，进而对环境造成了破坏，从而损害了社会或他人的财产利益和人身利益，这些都是单位缺失社会责任感的体现。

二、环境犯罪的客观方面

通常所说的犯罪客观方面是指犯罪活动的客观外在表现，包括危害行为、危害结果以及危害行为与危害结果之间的因果关系，三者的性质和规律不随人们的意志而改变。

环境犯罪的客观方面与普通犯罪的客观方面相同，仍包括危害行为、危害结果以及行为与结果之间的因果关系。

（一）环境危害行为的概念

危害行为，在刑法意义上是指"受犯罪者的意识和意志控制的危害社会的身体活动"。环境危害行为虽然是一个独立的概念，但作为刑法派生出来的一种特殊形式，应当与危害行为具有同等效力，包括以下三个基本要素：从人的主观意思出发，即行为人具有意识和意志；然后形成行为人的行为，即身体活动中的危险行为的概念；再从行为人的行为看，损害了环境刑法所保护的利益。结合危害行为的三个基本要素，参照刑法中的危害行为概念，可以将危害环境行为界定为危害环境的身体活动，它受行为人的意识和意志控制。[1]环境危害行为的概念具有以下两个功能：首先，环境危害行为的概念具有分类功能，"物理运动"能够合理解释作为和不作为的形式；其次，它具有限制作用或否定作用，是否有主观意识可以区分环境危害行为与缺乏主观意思的因素，简单来说就是物理运动——反射行动、机械行动、本能行动等。研究环境危害概念的意义在于将其与其他非危险性行为区分开来。

（二）环境危害行为的种类

环境危害行为的种类根据不同的标准可做不同的划分：

其一，根据行使环境危害行为的主体不同，可分为自

---

〔1〕 陈兴良主编：《刑法全书》，中国人民公安大学出版社1997年版，第66页。

然人环境危害行为、单位环境危害行为和国家环境危害行为。在上文中，我们已经提到了单位实施的危害环境行为的巨大危害性及其在我国环境犯罪中的普遍性。国家环境危害行为主要是指国际环境犯罪中的国家环境危害行为。例如国家在决定实施大规模破坏或污染环境行为（例如大规模核试验）对环境造成严重后果时，应承担刑事责任。国家环境危害行为属于国际法的研究领域，而国家环境危害行为在国内法中一般没有研究。[1]

其二，根据行使危害环境行为的行为人的主观意识形态，可分为直接故意的环境危害行为、间接故意的环境危害行为、过失的环境危害行为，同时有些国家也以无过失或客观事实作为环境危害行为的主观要件。直接故意的环境损害行为，是指行为人实施环境刑法规定的环境损害行为时，对环境损害结果的主观愿望。间接故意的环境损害行为，是指行为人实施环境刑法规定的环境损害行为，主观上放任环境损害结果的发生。过失的环境危险行为是行为人没有预见或过于自信所造成的结果。无过错责任环境损害行为是指环境犯罪主体在没有犯罪故意的干预下，只要行为人实施了环境刑法规定的环境损害行为，并造成具体损害后果，就构成环境犯罪中的环境损害行为。对于无过失而危害到环境的行为，通常可以通过民事行政手段解决，让无过失行为人承担刑事责任并不合理，我国通常不

---

[1] 刘莉：《论环境犯罪的构成》，载《佳木斯大学社会科学学报》2002年第4期。

承认无过失环境危害行为的存在。[1]

(三) 行为之危害结果

环境危害的危害结果与人类息息相关，体现在生活的方方面面。例如，毁林造成的荒漠化引起的沙尘暴；使用冰箱和空调时释放的三氟氯烃对臭氧层的消耗和破坏；污水排放造成水体污染，造成大量水生生物死亡，威胁人体健康；以及大量动植物的破坏，导致生物多样性的灭绝。这些危害与人们的生活息息相关，影响着人们的日常活动。因此，人们对行为的认知评价始于行为的有害后果。同时，损害结果也是国家对行为的认识和评价的依据，是国家刑事立法和启动处罚权的逻辑起点。由此可见，损害结果是环境犯罪客观方面的一个组成部分。

关于环境犯罪结果犯是否包括环境犯罪实害犯和环境犯罪危险犯，在我国理论学界存在分歧。分歧就是危险状态是不是危害结果：有的学者认为危险状态不是危害结果，将危险犯归入行为犯；有学者认为危险状态是危害结果，将危险犯归入结果犯中，这种观点在大陆法系中占主流，如日本学者前田雅英认为，结果是对法益的侵害或者侵害的危险；意大利学者杜里奥·帕多瓦尼认为，根据对刑法保护利益危害实现的程度，侵害性结果可以分为实害性结果与危险性结果。[2]我国学者也指出："危害结果是指危害

---

〔1〕 刘莉：《论环境犯罪的构成》，载《佳木斯大学社会科学学报》2002年第4期。

〔2〕 赵秉志、吴振兴主编：《刑法学通论》，高等教育出版社1993年版，第289~290页。

行为对犯罪客体造成的法定现实侵害及具体危险的事实危险，危险犯的'危险'本身就是结果。由于危险行为确实侵犯了刑法保护的合法权益，危险状态是反映了行为对客体所造成的危害程度，是客观存在的事实，所以危险状态是结果的一种形态，结果犯应该包括危险犯与实害犯。"[1]

（四）行为与结果之因果关系

1. 污染环境罪因果关系的特殊性

确定行为与后果之间的因果关系是环境犯罪客观方面的一个重要部分，因为它为环境犯罪的定罪和处罚提供了客观依据。由于生态环境犯罪自身的特殊性，传统的因果关系理论不足以判断环境污染的因果关系，使得环境污染的刑事责任难以追究。

无法确定哪些危险行为造成了这些结果，而且对于某些废物的后果也没有科学上的确定性。特别是污染物排放到环境中，经过各种物理、化学和生物过程，如转化、代谢，与环境中的原污染物和其他污染物混合，形成各种具有其他有害特性的次生物质。原始物质和转化物质在环境中的性质、毒理学和运输、扩散和转化模式及其对生物和人类健康的有害影响无法得到科学解释，甚至很难获得因果关系的直接证据。此外，因果关系在时间上是脱节的，破坏环境罪的突出特点之一是损害后果的潜在和累积性，即污染行为和损害后果之间可能有相当长的时间差，而且

---

〔1〕 刘之雄：《刑罚根据完整化上的犯罪分类——侵害犯、危险犯、结果犯、行为犯的关键论纲》，载《中国法学》2005年第5期。

结果不是即时的，一般需要较长的时间。产生这种结果的速度并不取决于污染行为的实施，而是取决于环境的自我净化和承载能力，只有在环境本身无法应对的情况下，才会产生具体的有害后果。因此，由于时间间隔的关系，很难确定污染行为与危害结果之间的因果关系。

我国传统的刑法因果关系采用相当因果关系说，即"以行为时一般人所预见或可能预见之事实以及虽然一般人不能预见而为行为人所认识或所能认识的特别事实为基础，判断刑法因果关系之有无。也就是说，凡是一般人所能预见到的行为与结果之间的伦理上的条件关系，不论行为人是否预见，都认为存在刑法因果关系；凡是为一般人不能预见，但行为人能预见的亦认为存在刑法因果关系"。

由此可见，相当因果关系的理论是建立在一个人的认知能力之上的。但是，由于环境犯罪因果关系具有复杂性，以及人的认知能力不足以认识到这种复杂性，因此不能根据人的认知能力来界定环境污染犯罪的因果关系，且相当大的基于人的认知能力的因果关系显然不适合环境污染犯罪。

2. 因果关系理论的发展

现有的因果关系理论，都属于科学法则的因果关系理论，即因果关系的认定必须依赖于人类已经掌握的科学经验予以证明。以相当因果关系说为例，其以人的认识能力作为基础，而此种认识能力的形成恰需要科学经验或基本常识为基础。这些学说有一个共同点，就是因果关系是准确的、确定的，原因与结果之间关系，通过科学法则能够认识。但是由于污染环境罪因果关系的复杂性，使得寻找准确的因果关系困难重重。针对环境犯罪因果关系证明上的困难性，各国刑法界开始将民事救济上的因果关系理论应用到环境犯罪的中，最终形成了在环境犯罪中适用因果关系推定理论。因果关系推定说主要是在疫学因果说和间接反证说的基础上发展起来的。

（1）疫学因果说。所谓疫学因果关系，是疫学上所采用的因果认识方法，某因子与疾病之间的关系，即使不能够从医学、药理学等观点进行详细的法则性证明，但根据统计的大量观察，认为其间具有高度的盖然性时，就可以肯定存在因果关系。[1]

（2）间接反证说。起源于德国民事证据法上的间接反证说是指"主要事实是否存在尚未明确时，由不负举证责任的当事人负反证其事实不存在的证明责任的理论，因其并非直接对举证者举证事实的反证，与直接反证不同，所以称为间接反证"。间接反证说在环境侵权中的应用是在日本发生的新泻水俣病案件中首次使用。该理论被适用到环境侵权案件中时，原告只要证明因果链中的部分事实，即可推定其余事实的存在，并由加害企业反证其不存在，若被告企业不能反证主要事实不存在，就应追究企业的刑事责任。[2]主张这一理论的人认为，由于环境损害的因果关

---

〔1〕 ［日］大塚仁：《犯罪论的基本问题》，冯军译，中国政法大学出版社1993年版，第121页。

〔2〕 吕忠梅：《环境侵权诉讼证明标准初探》，载《政法论坛》2003年第5期。

联因素较多，如果原告能够证明其中的部分关联事实，其余部分的事实则被推定为存在，而由被告反证其不存在的责任。根据间接反证说，由部分事实举证即可推定存在因果关系，并且在病因的认定上借鉴疫学因果关系理论。这两个规则大大减轻了原告在环境污染案件上的举证责任，使得原本在此类特殊案件中存在举证困难的原告能够得到充分的救济。间接反证说的适用范围较之疫学因果关系说更为宽泛，疫学因果关系说只适用于因环境污染造成人体健康损害的民事诉讼，而间接反证说可适用于所有因环境污染损害所引起的民事诉讼。

（3）因果关系理论推定原则的确立。无论是疫学因果关系说还是间接反证说，两者均为民事救济上的因果关系理论，最开始都是运用到环境民事案件中，如富山"骨痛病"与新泻水俣病案件。鉴于环境犯罪因果关系证明上的困难性，各国刑法界开始将民事救济上的因果关系理论应用到环境犯罪中，最终形成了在环境犯罪中适用因果关系推定的理论。因果关系推定说不是疫学因果关系说与间接反证说的简单结合，而是对两者的灵活运用，其在证据认定方面借鉴了疫学因果关系说中运用到的数量统计方法，在举证责任方面，采用间接反证说中间接反证的方法。不同的环境犯罪案件所需要运用到的方法也不同，当不能确定某种排放物质造成某种损害但排放该物质的行为人可确定时，可采用以统计规律为基础，通过观察和一系列的判断标准确定因果关系；当案件的致害原因清楚而不能确定谁是加害人时，可采用间接反证的方法进行举证；当既不能确定致害原因也不能确定加害人时，既要用到统计学的方法也要用到间接反证的方法。可见无论是统计方法和间接反证的单独运用还是两者结合运用都属于因果关系推定说的内容。

第三节　国内外生态环境犯罪的 罪名体系及完善

一、我国环境污染犯罪罪名体系概况

新中国成立以后，我国在一段时间内工业并不发达，同时在指导思想上较为追求短期利益，违背经济规律发展生产想要在短期内能够超英赶美。在这种大环境下，关于环境污染的立法就被有意无意地忽略了。

在此之后，我国期望通过制定附属刑法的方式，以作为惩治这些环境犯罪的补充方法，对环境污染等环境犯罪行为认识上的缺陷以及《刑法》滞后于环境污染犯罪发展的客观事实加以弥补。1984 年 5 月 11 日、1987 年 9 月 15 日、1995 年 10 月 30 日，全国人大常委会分别通过了《水污染防治法》《大气污染防治法》《固体废物污染环境防治法》，在其中分别规定了水污染行为、大气污染行为以及违反规定收集、贮存、处置危险废物的行为。虽然这些规定分别以类推的形式创立了水污染罪、大气污染罪，违反规定收集、贮存、处置危险废物罪等几个新的罪名，这在一定程度上填补了我国《刑法》中关于惩治环境污染犯罪的

立法空白，为《刑法》介入环境污染等环境犯罪行为奠定了良好的基础。但是，这一时期的刑事立法存在着环境犯罪范围偏窄，罪名体系结构零散、杂乱，以及惩罚力度不够等缺陷，导致1979年《刑法》并未有效地发挥保护环境的作用。

1997年《刑法》修订时，鉴于我国环境资源保护的现实需要和国际社会环境资源刑事立法的趋势，于第二编第六章"妨害社会管理秩序罪"第六节中专门规定了"破坏环境资源保护罪"，明确了对各种破坏环境资源保护犯罪的处罚，突破了我国以往环境刑事规范的立法模式。同时为进一步切实加强对环境资源的刑法保护，《中华人民共和国刑法修正案（二）》（2001年8月31日）和《中华人民共和国刑法修正案（四）》（2002年12月28日）增加了环境犯罪的新罪状条款，对原有有关环境资源犯罪条款进行了罪状修改及法定刑补充，同时，对走私境外废物入境的犯罪行为如何处罚进行了规定，这些规定解决了《刑法》第339条第3款没有独立的法定刑，以及《刑法》对废物的规定不全面与废物存在的形态不符等问题，使我国的环境资源刑事立法有了更进一步的发展。直至《刑法修正案（八）》（2011年2月25日）的出台，将《刑法》338条做了进一步修改，由此可以看出国家已经将严控环境污染犯罪摆到立法的重要地位。[1]

---

〔1〕 高铭暄、徐宏：《环境犯罪应当走上刑法"前台"——我国环境刑事立法体例之思考》，载《中国检察官》2010年第3期。

根据我国现行刑法及其后的修正案对环境犯罪的具体规定，现阶段我国环境犯罪的罪名大致有以下几种类型：

（1）环境污染型犯罪。我国《刑法》关于环境污染问题规定了5项罪名，分别是第338条重大环境污染事故罪、第339条非法处置进口的固体废物罪和擅自进口固体废物罪、第408条环境监管失职罪和第152条走私废物罪。这一罪名体系主要包括水、大气、固体废物污染的犯罪模式，罪名类型规定比较单一。

（2）自然资源破坏型环境犯罪。我国《刑法》规定了非法捕捞水产品罪，非法猎捕、杀害珍贵、濒危野生动物罪，盗伐林木罪等罪名，对该种类型的犯罪予以规制。

（3）渎职型环境犯罪。我国刑法设立违法发放林木采伐许可证罪、环境监管失职罪、非法批准征用、占用土地罪等罪名对这一类型的犯罪行为给予惩治。到目前为止，"我国已经制定了9部环境保护法律、15部自然资源法律，制定颁布了环境保护行政法规50余项、部门规章和规范性文件近200件、军队环保法规和规章10余件、国家环境标准800多项，批准和签署多边国际环境条约50多项，各地方人大和政府制定的地方性环境法规和地方政府规章共1600余件"，初步建立了符合我国国情的环境保护法律体系。虽然环境犯罪刑法体系仍然不健全，但毕竟这些规定在我国开创了环境犯罪法典化的先河，产生了真正意义的破坏环境资源保护罪。立法的迟到鞭策着司法实践在现行法框架下找寻出路，涉及环境污染犯罪的司法解释或司法解释性文件共有3个：最高人民检察院《关于渎职侵权犯罪案件立案标准的规定》、最高人民法院《关于审理环境污染刑事案件具体应用法律若干问题的解释》以及最高人民检察院、公安部《关于公安机关管辖刑事案件立案追诉标准的规定（一）》。[1]

二、国外环境污染犯罪罪名体系及其对我国的启示

（一）国外环境污染犯罪罪名体系及其特点

1. 德国环境污染犯罪立法及其特点

联邦德国开始进行有关环境保护的刑事立法始于20世纪六七十年代。在《德国刑法典》第18次修改的1980年，立法者就将有关环境污染犯罪的许多罪状在刑法典之中进行了专章的规定，这样的设置不仅强化了公众对环境犯罪危害社会的认识，同时也强化了对环境污染犯罪的刑事追究。"1998年11月13日，颁布的《德国刑法典》第二十九章专设了'污染环境的犯罪'，该章的具体罪名包括污染水域罪、污染土地罪、空气污染罪、造成噪声、震动和非放射线污染罪、未经许可处理垃圾罪、未经许可开动核设备罪、未经许可的放射性物质及其他危险物品交易罪、侵害保护区罪、防毒造成严重危害环境罪等。"[2]

纵观《德国刑法典》，其对环境污染犯罪的设置有以下特点：首先，某些危害环境犯罪不但可由实害犯构成，也

---

〔1〕 陈国庆、吴峤滨：《略论环境污染犯罪立法及司法解释若干问题》，载李恒远、常纪文主编：《中国环境法治》，法律出版社2009年版，第41~45页。

〔2〕 张鑫、郭永玲：《域外环境污染刑事立法浅析》，载《法制与社会》2009年第28期。

可由危险犯和举动犯构成。其次，针对环境污染犯罪行为的规定，几乎每一条都明确规定两种罪过形式，依故意或过失判处不同的刑罚，这表明防治污染已成为德国公民的一项法律义务。同时，德国刑法没有规定无过失责任，这表明德国也依然奉行"无罪过即无犯罪"的刑法原则。再次，德国刑法设专章规定危害环境的犯罪，比较侧重于制裁造成环境污染的犯罪，而对破坏自然资源保护的规定所占比例极小，并且在法条行文上，较多地注重于保护自然生态以及维持自然原貌的细微性表述，但是对于人文遗迹却未加涉及。最后，德国刑法典在具体的环境污染犯罪刑法条文设置方面，采用专罪专条的形式来规定环境污染犯罪，根据环境要素的不同特点对水、海洋、土壤、大气的污染等进行单独规定，而且对于各罪的具体罪状描述加以明确区别，使刑法条文更易于把握。此外，在刑法设置上层次分明，便于操作。

2. 英国环境污染犯罪立法及其特点

作为典型的判例法国家，对于防止损害人类生命健康的污染环境行为，英国的管制环境污染的制定法立法起步较早。在1858—1871年间，英国国内出现了由污水导致的传染病，且该种传染病当时广为流行，这迫使政府谨慎对待防治公众卫生问题。从19世纪初期的《防治空气污染法》，到1865年的《地下水利用法》、1866年的《环境卫生法》、1874年的《河川污染预防法》，英国政府从劳动卫生的角度出发，率先于1875年将这些规定整理综合为《公众卫生法》，成为英国环境保护的基本法律。20世纪以来，英国防治环境污染的环境法律体系始告确立。"现在的英国环境污染防治法律体系主要包括大气污染防治法律（1958年的《清洁空气法》、《制碱等工厂法》、《放射性物质法》、《汽车使用条例》等）、水质污染防治法律（1960年的《河流防污法》、1963年的《水资源法》、1974年的《海洋倾倒法》等）、固体废物污染防治法律（1958年的《垃圾法》、1967年的《公民舒适法》、1972年的《有毒废物倾倒法》等），而英国的环境刑事立法就规定在这些行政立法之中"。

英国环境刑法的特点有三：第一，由于英国属于判例法国家，不具有成文法的传统，亦没有统一的刑法典，所以环境犯罪的刑事立法是以环境行政法中的附属刑罚条款为主，大量的环境保护单行行政法规的规定是制裁环境污染犯罪的主要法律依据。第二，"环境刑法的功能强弱依赖于环境行政法的具体规定。换言之，环境刑法在实际适用中受到限制"。第三，环境刑法处于一种次要辅助的地位。只有在环境行政手段难以发挥有效作用时，环境刑法才得以适用。

3. 日本环境污染犯罪立法及其特点

从 20 世纪 60 年代开始，日本经济进入到高速发展的时期，同一时间，日本的环境公害事件却不断发生，这些环境事件虽然造成了日本国内重大的社会冲突，但是却在另一方面促进了日本环境保护相关立法的进程。1967 年日本颁布了日后成为该国政府防治公害的法律基础——综合性的《公害对策基本法》，在该法中，立法机关规定了 6 种不同的损害环境的情形及其应当承担的相应处罚。"1968年，日本制定了《空气污染防治法》《噪声管制法》，1969年制定了《救济公害造成的健康损害的特别实施法》，1972年又制定了《水污染防治法》等一系列环境行政法规。在1970年日本的第64届国会上，对《公害对策基本法》进行了修改，并制定和修订了14部与公害相关的法律。"[1]在这一时期所指定的一系列基本法律之中，被认为是在当时世界上最先进、最现代化的环境刑事立法——《关于危害人体健康的公害犯罪制裁法》（简称《公害罪法》）最引人注目。该法以仅有的7个条文，创设了公害立法的刑法特别法的先例，表明了在环境保护中刑法已经开始处于相当重要的地位，同时形成了日本环境刑事制裁的一种基本模式。另外，在1995年修订的《日本刑法典》中，第十五章专门规定了"有关饮用水的犯罪"。其第142条为"污染净水罪"，第144条为"将毒物等混入净水罪"，第146条为"将毒物等混入水道和将毒物等混入水道致死罪"。由此可见，日本《刑法典》对有关水污染犯罪采取了独立罪名的模式。对于日本环境污染犯罪刑事立法的特点，可以作出如下归纳：首先，在立法上呈现出以特别刑法——《公害罪法》为核心，同时辅以刑法典、附属刑法的模式，将有关环境犯罪的规定集中规定在刑法典、特别刑法、附属刑法之中。其次，对于作为环境犯罪特别立法的《公害

---

[1] 陈英慧、关凤荣：《中日环境犯罪问题比较》，载《河北法学》2009年第12期。

罪法》，在条文中将环境犯罪的实体法与程序法集于一体，除了从实体上规定何种行为构成环境犯罪的具体罪状描述，还规定了一系列的程序问题，如因果关系的证明方法、起诉的有效期、管辖法院等。

（二）国外环境污染犯罪罪名体系设置对我国的启示

1. 清晰表述环境污染犯罪之概念

对环境造成重要恶化影响的行为可以统称为环境犯罪，目前世界大多数国家都在刑法中对这样的行为做出了规定，但是在不同的国家和地区，"环境犯罪"的概念内涵也有区别。国外学者关于环境犯罪概念的表述，从其内涵和外延上看，主要存在如下特点：首先，环境犯罪的概念都侧重于对危害环境行为结果的描述，或仅描述其形式特征，对其实质的把握不充分。其次，环境犯罪多与危害公共安全的犯罪相交叉，没有进行区分，强调了对人的生命、健康以及财产利益的重视。最后，"普通法系国家的环境犯罪概念外延较广，对行为危害性质没有定量的规定，把一切有害环境的行为予以犯罪化，而大陆法系国家的环境犯罪概念则兼顾了定性和定量的考察"。[1]这一点，对我国的环境污染犯罪罪名体系设置有一定的借鉴意义。

2. 环境污染犯罪罪名分类科学

通过对国外环境污染犯罪的规定进行研究，我们还会发现其一个很重要的特点是对罪状的列举非常详细。环境

---

[1] 谢青霞、郑太发：《新加坡环境保护刑事法律评述》，载《南阳问题研究》2009 年第 3 期。

刑法保护对象日趋扩展，环境犯罪分类更加细化，使得各罪罪状具体明确，易于把握。西方国家在环境保护方面的法律规定起步比较早，而且基本在刚起步的时候就尽量保证法律的周全性。比如德国关于噪声污染防治的处罚规则很早就出现了，《德国刑法典》在规定危害环境犯罪时，就采用了专条专罪的形式，如对水域、土壤、空气污染进行规定时就分开单独规定。日本的环境法律建设虽然没有什么历史传统，但是日本凭借完全向西方学习的全盘西化的态度，使得他们在借鉴西方国家经验上轻车熟路，环境保护的范围从一开始也很周延。例如，1974 年日本国会审议并通过的日本刑法典的修正案中关于环境犯罪的罪名有：第 203 条的污染饮用水罪、第 204 条的污染水道罪、第 206 条的毒物混入水道罪、第 272 条的气体泄漏罪。这部刑法典中规定的环境犯罪罪名非常具有针对性，主要针对的是在日本经济高速发展过程中，已经发生或者可能会继续发生的环境犯罪事件。在新加坡，其《环境污染控制法》第 28 条至第 30 条对建筑工地及工厂噪声控制进行了规定，例如何种机器是否可以使用、开工的时间、噪声范围等方面都作了很详细的规定。这样的做法使法律规定明确具体，易于执法人员操作，可以为我国所借鉴。总之，各国或地区对于环境犯罪的分类都在逐渐细化，根据不同的保护客体给予相配合的罪名，比如有德、日、俄等都规定水污染罪、土地污染罪、噪声污染罪等，英美法系国家附属刑法中规定的环境污染犯罪的罪名归纳起来则主要有以下几类：水污染罪，大气污染罪，海洋污染罪，土地污染罪，噪声污染罪，违反防治污染义务犯罪，非法处置危险废物（固体废物）犯罪等。由此，环境污染犯罪的明细化已经成为全球趋势。[1]

3. 强调预防

刑法的目的是惩罚和预防犯罪，特别是在环境保护中，刑法的预防作用应当具有特殊重要的意义。因为环境污染事故一旦发生，无论采取何种补救措施，都无法完全挽回其造成的影响。环境污染犯罪的严重危害性和难以预防性的特点，导致了一定情况下必须对其及时采取提前的防范手段，否则一旦发生污染其危害就不可避免。我国刑法中对环境污染犯罪的规定，充其量只起到了惩罚犯罪的目的，并没有真正体现预防犯罪的目的。然而，在国际上其他国家，都不约而同地加大了犯罪预防的力度。在新加坡，为强调刑罚的惩罚作用，该国在环境犯罪中仍保留鞭刑；另外，新加坡对有关环境犯罪采用了矫正工作令，规定犯罪行为人在监察官员监督下从事无偿的清洁工作，取代了其他惩罚或附加于其他处罚上，以预防下次犯罪。[2]

---

〔1〕　吴殿朝：《刑法视野中的环境问题》，载《中州大学学报》2005 年第 1 期。

〔2〕　冯军、尹孟良：《日本环境犯罪的防治经验及其对中国的启示》，载《日本问题研究》2010 年第 24 期。

生态环境刑罚的适用

第四章

第一节　生态环境犯罪刑罚适用
原则的比较研究

一、域外生态环境犯罪的刑罚适用原则

（一）严格责任原则

"严格责任原则"一词源自英美法，是指可以在不考虑行为人主观方面的情况下，仅依据其危害行为即可进行归责的原则。简言之，如果行为人实施了某些特殊的危害行为，公诉机关无须证明行为人主观上存在故意或过失，就可以使其承担刑事责任。作为一项归责原则，严格责任最初适用于民事法律领域，近代以来，随着工业社会的快速发展，人类活动变得纷繁复杂，高度危险行为更加多样，为了顺应社会发展的需要，严格责任原则被逐渐引入到刑事法律领域。由于刑法具有谦抑性，严格责任原则在刑事法律领域的适用受到诸多限制，其不同于在民事法律领域的广泛适用，所以，在刑事责任的归责过程中，严格责任一般处于补充地位，仅个别刑法条文规定了严格责任，而

不是将其作为追究刑事责任的普遍原则。

　　生态环境犯罪中的严格责任原则多见于英美法系国家的法律。在英美刑法中，严格责任的犯罪一般只限于轻罪，主要是有关公共安全的食品、药品、烟酒、交通及环保领域的犯罪，即主要存在于公共福利和道德方面的犯罪中。[1]20世纪中叶，西方发达国家已经基本实现了工业化，工业发展水平较高，经济活动频繁，但也伴生着严重的环境污染问题。为了从国家法律层面实现对环境状况的有力管控，很多英美法系国家更加重视严格责任在环境刑法领域中的作用，在环境犯罪中适用严格责任由来已久，也成了英美法系国家的一大特色。比如英国的《空气清洁法》规定，不论行为人主观上是否具有故意或过失，只要造成烟囱冒浓烟的，就应负刑事责任。又如美国的《废料法》规定，只要行为人的行为导致任何废料倾入江河或港口，则不论其主观上有无过错，均应负刑事责任。再如美国的《资源保护和再生法》规定，凡法人成员排放危险物或在未经许可的场所处理危险物而未报告有关主管机关的，不论该法人领导是否知道，均应负刑事责任。

　　在生态环境犯罪的归责原则方面，大陆法系与英美法系有所不同。多数大陆法系国家在这一问题上仍坚持过错责任原则，反对在刑事法律领域引入严格责任，认为"无罪过则无刑罚"是不可撼动的铁则。比如德国、瑞典、挪

---

　　〔1〕　赵秉志、李山河：《环境犯罪及其立法完善研究——从比较法的角度》，北京师范大学出版社 2011 年版，第 105 页。

威等国家的刑法在认定环境犯罪时，均采用过错责任原则，否定严格责任的适用。但是，生态环境问题日益严重，而且新的刑法理论也逐渐成熟，这一传统刑法观正不断受到挑战，近年来的一些立法表明，部分大陆法系国家也开始探索在环境刑法领域引入严格责任。比如日本的《水污染控制法》规定，只要排污物对公众生活或身体造成了损害，无须查明排污者的主观心理即可追究其刑事责任。又如法国《农业法》有关水污染犯罪的规定，就是以实质犯罪或客观的实体侵害行为为事实基础，在法制上建立了严格责任的立法例。[1] 再如《意大利刑法典》第 42 条第 4 款规定，在违警罪中，每个人对自己有意识和意志的作为或者不作为负责，无论这种行为是故意还是过失的。[2]

生态环境问题具有蔓延性、全球性的特征，正越来越受到国际社会的关注，随着人类命运共同体的倡导和构建，各国必将更加重视刑法在生态环境保护中的作用。可以说，在生态环境犯罪中适度引入严格责任将会成为一个趋势，全面认识严格责任可以解释这一现象。刑法中的严格责任最早可以追溯到原始自然正义观时的结果责任，所谓结果责任，即不问行为人的主观心理如何，只要客观上造成某种危害结果，便可以对行为人定罪处刑。到了 17 世纪，刑法和民法相互分离，人们认识到刑罚的残酷性和严厉性，希望国家的刑罚权时刻处于被动地位，所以这种绝对不考

---

〔1〕 黄霞、董邦俊：《环境资源犯罪研究》，中国法制出版社 2004 年版，第 150 页。

〔2〕《最新意大利刑法典》，黄风译，法律出版社 2007 年版，第 21 页。

虑主观罪过的刑罚适用原则暴露出其弊端。主观罪过作为启动刑罚的必备条件，逐步得到重视和认可。"行为无罪，除非内心邪恶"[1]作为早期基督教的思想，也充分反映出主观罪过对于犯罪成立的重要性。发展至今，严格责任可以被区分为绝对严格责任和相对严格责任。绝对严格责任不允许辩护理由的存在，只要产生了客观危害，就应当承担相应的刑事责任。[2]相对严格责任允许辩护理由存在，虽然公诉方可以危害结果的实际发生为由对行为人提出控告，但是被告可以自己主观上不存在过错或者已经尽到合理的注意义务为由提出辩护意见，作为免责事由。现行英美刑法中的严格责任，大多数都赋予了被告人相应的辩护权，因此现代英美刑法中的严格责任通常都属于相对严格责任。[3]而且，为了减轻严格责任的严厉性，英美国家还在司法实践中发展起来"善意辩护"这样一条折中路线，即在公诉方以严格责任起诉某一犯罪时，如果被告以合理而诚实的理由证明他没有主观过错，则免罪。在美国，虽然大多数法院都拒绝采用"善意辩护"，但其通过重新解释法条、否定因果关系和依靠检察官的自由裁量权，来减轻

---

〔1〕 储怀植、江溯：《美国刑法》，北京大学出版社 2012 年版，第 50 页。

〔2〕 卢永鸿：《中国内地与香港环境犯罪的比较研究》，中国人民公安大学出版社 2005 年版，第 34 页。

〔3〕 周兆进：《环境犯罪严格责任研究》，中国检察出版社 2018 年版，第 48 页。

严格责任的严厉性。[1]可见，严格责任的内涵已经发展到了新的高度。

（二）结果加重原则

结果加重原则多见于危险犯或行为犯，是指行为人实施了基本犯罪构成要件的危害行为，并客观引发了基本犯罪构成之外的加重结果，从而对其加重处刑的原则。生态环境犯罪大多具有危险犯的特征，因此多国的环境刑法规定都体现了结果加重原则。在生态环境犯罪中，危害行为与危害结果之间的表面联系往往不甚密切，危害结果一般会延迟发生，且延迟时间较长，导致因果关系不易证实；另外，严重的危害环境行为所导致的危害结果一旦发生，将会给生态环境和公共利益带来巨大损害，有时甚至是不可逆转的严重损害。

基于生态环境犯罪的这些特征，各国环境立法越来越注重发挥刑法的预防功能，重视打击环境犯罪中的危险犯和行为犯，以尽可能避免严重后果的发生，并且采用结果加重原则，对已经造成严重后果的行为人加重处罚。例如，日本《关于危害人体健康的公害犯罪制裁法》第2条分别规定了排放有害物质罪的危险犯和结果犯。第1款规定：由于工厂或企业的业务活动而排放有害于人体健康的物质（包括积蓄在身体之后的有害身体健康的物质），致使公众的生命或健康产生危险的，处3年以下惩役或300万元以

---

〔1〕 赵秉志：《英美刑法学》，中国人民公安大学出版社2004年版，第60~62页。

下罚款。第 2 款规定：犯前款罪，致人死伤者，处 7 年以下惩役或 500 万元以下罚款。[1]又如，《罗马尼亚刑法典》第 395 条分别规定了违反保护大气罪的行为犯和结果犯。第 1 款规定：被有关部门发现之后或在未向有关部门报告的情况下，不停止运行对空气质量带来极大危害的设备的，处 1 年以上 5 年以下严格监禁。第 2 款规定：实施第 1 款规定的行为导致他人身体受到严重损害、严重危害大量人员的健康或身体完整或造成重大物质损失的，处 5 年以上 10 年以下严格监禁并禁止行使特定权利。第 3 款规定：实施第 1 款规定的行为造成一人或多人死亡或严重破坏国民经济的，处 15 年以上 20 年以下重监禁并禁止行使特定权利。[2]再如，《德国刑法典》分则第二十九章规定了 9 个具体的犯罪，并在此基础上规定了除逸漏有毒物质致重大危险罪之外的 8 个犯罪的加重犯。[3]

生态环境犯罪中普遍适用结果加重原则与环境犯罪的行为本位密切相关，一般认为，生态环境犯罪的行为本位主要是危险犯。在刑法理论上，危险犯是与实害犯相对应的一个概念，是指行为人实施的行为足以造成某种实害结果发生，但实害结果尚未发生，即构成既遂的犯罪。危险犯可以进一步区分为具体危险犯和抽象危险犯。具体危险

---

〔1〕　赵秉志、王秀梅、杜澎：《环境犯罪比较研究》，法律出版社 2004 年版，第 290 页。

〔2〕　《罗马尼亚刑法典》，王秀梅、邱陵译，中国人民公安大学出版社 2007 年版，第 117 页。

〔3〕　苏永生、高雅楠：《论德国环境刑法中的危险犯》，载《中国地质大学学报（社会科学版）》2020 年第 1 期。

犯是指以发生法益侵害的具体危险即现实危险为要件的犯罪；抽象危险犯是指以存在抽象的危险即一般地侵害法益的危险为已足的犯罪。[1]从字面意思来看，在具体危险犯的场合，刑法分则条文明确规定了具体危险；而在抽象危险犯的场合，刑法分则条文没有规定具体危险，行为本身就蕴含着一定的危险。从司法证明的角度来看，在具体危险犯的场合，需要从司法上证明具体危险的存在；而在抽象危险犯的场合，则不需要从司法上证明危险的存在。[2]

生态环境犯罪中的危险犯，是指行为人实施的危害环境的行为足以造成环境的污染和破坏，足以造成人们的生命、健康和财产的重大损失，而不要求发生实害结果即可构成既遂的犯罪。生态环境犯罪具有一定的特殊性，相比较其他犯罪，其危害行为与危害结果之间的表面联系往往不甚密切，危害结果可能在较长时间之后才会被发现；而且，严重危害环境的行为所导致的危害结果一旦实际发生，将会对生态环境造成巨大的非经济价值可以衡量的损失，可能会造成局地生态平衡失调，而要消除这种有害影响，往往需要很长时间或付出高昂的代价，有时甚至是无法恢复的。因此，在生态环境犯罪中设定危险犯具有重要意义。如果刑法仅惩治造成实际危害结果的实害犯，而不惩治足以造成环境污染和破坏的危险犯，则无法充分发挥刑法在

---

〔1〕 〔日〕大塚仁：《刑法概说》（总论），冯军译，中国人民大学出版社 2003 年版，第 120 页。

〔2〕 〔德〕克劳斯·罗克辛：《德国刑法学总论》（第 1 卷），王世洲译，法律出版社 2005 年版，第 222 页。

生态环境犯罪领域的预防功能。

就目前情况来看，西方国家刑法中环境犯罪大多都规定了危险犯，即不仅要对污染和破坏环境并已造成严重后果的行为进行制裁，还应制裁那些孕育着危险的行为。危险犯通常是具体危险犯而非抽象危险犯，[1]因为环境犯罪一般是行政犯，即以违反特定的环境保护行政法规作为犯罪构成的前提条件，所以要求危害行为对生态环境法益造成的危险具有一定的紧迫性。而且，在规定了危险犯的罪名中，一般也规定了相应的实害犯，将其作为加重法定刑或法定刑升格的依据，这也是结果加重原则的直接体现。

（三）责任推定原则

责任推定原则是罪过责任原则的一种特殊适用方式，是指在某些特殊情形下，直接从危害结果本身推定行为人具有主观罪过，行为人不能证明自己没有罪过的，则认定危害结果与其行为之间具有因果关系，进而承担法律责任。责任推定原则主要适用于民事法律领域，尤其是侵权责任领域，后来随着工业社会的快速发展，为了应对层出不穷的新型犯罪，才逐渐将这一原则引入刑事法律领域。但即使在民事法律领域，立法者对责任推定原则的适用也秉持着谨慎的态度，只有在法律有明确规定的情形下才能适用，在刑事法律领域更是如此。在生态环境犯罪方面，很多国家都采用了责任推定原则来确定环境危害行为与危害结果

---

〔1〕　赵秉志、李山河：《环境犯罪及其立法完善研究——从比较法的角度》，北京师范大学出版社 2011 年版，第 104~105 页。

之间的因果关系，进而认定犯罪并科予刑罚。

在生态环境犯罪中确立责任推定原则主要是出于对环境犯罪的特殊性以及便宜司法的考虑。污染、破坏生态环境的行为所造成的危害结果往往具有持续性、流动性和综合性的特点，环境危害行为与危害结果之间的因果关系异常复杂、难以证明，有时还会涉及化学、生物学方面的知识，因此在实务中，若由公诉人承担因果关系的举证责任，容易造成刑罚疏漏，不利于发挥刑法对生态环境法益的保护功能。在因果关系的认定上，西方国家的环境刑法大多采用了责任推定原则。例如，德国《环境责任法》第6条明确规定了因果关系的推定。第1款规定：如果某种设备根据具体情况可以引起损害的发生，则推定损害是该设备造成的。某种设备在具体情况下是否可以引起损害，应根据企业的生产过程、所使用的机器设备、所适用和释放的物质种类以及集中程度、气象因素、损害发生的时间和地点、损害的总体情况以及与发生损害相关的所有其他具体情况来判断。第2款规定：如果设备是按照规定运行的，则第1款不适用。按照规定运行，是指遵守特别的操作义务，而且设备在运行过程中也没有发生故障。第3款规定：特别的操作义务，是指行政法所规定的旨在避免影响环境进而造成损害的许可、负担、可执行的命令和法律规定。第4款规定：如果此类许可、负担、可执行的命令和法律规定中，为了对某特别的操作义务进行监督而规定了检验措施，则在下列情形，推定遵守了该操作义务：或是在采取检验措施期间，尚未确定的环境影响可能是由该操作引起的，但检验并没有得出违反操作义务的证据；或者在主张损害赔偿权的时候，尚未确定的环境影响已逾 10 年。此外，日本在《关于危害人体健康的公害犯罪制裁法》第 5 条也明文规定了推定原则。[1]

(四) 双重处罚原则

双重处罚原则主要适用于法人犯罪的情形，是指法人实施犯罪时，既要处罚负有主要责任的法人从业人员，也要处罚法人自身。法人犯罪在我国一般被称为单位犯罪。在生态环境犯罪中，危害行为大部分都是法人所为，因此双重处罚原则多有体现。在现代社会，法人的活动范围日益扩大，其行为往往影响到社会生活的方方面面，而且，现实中的法人多为营利法人，在营利目的的驱使下，其行为时常会跳出法律划定的框架，对社会造成危害，因此有必要为其违法行为匹配相应的法律责任，以促使其活动的合法化。尤其是在法人实施公害类犯罪的情形下，必须对其进行处罚，以保护社会公共利益。因此，在域外生态环境刑事立法中，除了英美法系国家，越来越多的大陆法系国家也开始采用双重处罚原则，即对法人犯罪设定了双罚制。

英美法系国家历来承认法人作为犯罪主体，并且较早确立了双重处罚原则。英国判例理论把有权限的高级管理人员的犯罪行为等同于法人自身的犯罪行为，即行为等同

---

〔1〕 赵秉志、王秀梅、杜澎：《环境犯罪比较研究》，法律出版社 2004 年版，第 91、290 页。

理论。美国判例法规定，拥有法人代表权的管理人员以及即使不是管理人员但只要存在代理行为的低级从业人员，在业务过程中对于其权限内的违法行为都要法人承担责任，即所谓代位责任理论。即使这些人员无罪，代表者亦无故意和过失，也应该承担责任。[1]

在大陆法系国家的传统刑法理论中，法人是不能作为犯罪主体，但随着社会发展，法人实施的违法犯罪活动愈发频繁，且日益严重，因此，越来越多的大陆法系国家逐渐接受了法人犯罪理论，并在立法中规定了法人犯罪，这一点在环境刑事立法中也有所体现。《法国刑法典》率先创新，丹麦、芬兰、挪威等其他国家也先后确立了法人实施环境犯罪的刑事责任。日本经济在 20 世纪快速发展，企业经营活动产生的环境污染等公害问题特别严重，一些肇事企业成为众矢之的，因此突破传统的公害法得以出现。如日本《水污染防治法》第 34 条规定：法人的代理人、法人或个人的代表人或雇员因从事该法人或个人的业务活动而犯有前 4 条所规定的违法行为，除惩罚行为人外，应同时向该法人或个人科处各规定的罚金。又如，日本在《关于危害人体健康的公害犯罪制裁法》中以单独的一个条文专门对单位公害犯罪作出了规定，其第 4 条规定：法人的代表及其他从业人员，因法人的业务活动而犯罪时，除处罚

---

〔1〕 赵秉志、李山河：《环境犯罪及其立法完善研究——从比较法的角度》，北京师范大学出版社 2011 年版，第 108 页。

行为人外，对该法人也要处罚。[1]

二、我国生态环境犯罪的刑罚适用原则

(一) 罪过责任原则

罪过责任原则，即所谓"无过错则无刑罚"，是传统刑法理论中的一项重要原则，其贯穿刑法始终，与主客观相统一原则联系密切，认为主观罪过是构成犯罪，进而承担刑事责任的必备要件，仅有客观危害行为，而不能证明行为时存在故意或过失的主观罪过，就不能认定为犯罪。我国《刑法》第 16 条规定：行为在客观上虽然造成了损害结果，但是不是出于故意或者过失，而是由于不能抗拒或者不能预见的原因所引起的，不是犯罪。该条直接确立了我国刑法的罪过责任原则，生态环境犯罪自然也要遵从总则的规定。因此，我国司法机关在办理环境犯罪刑事案件中，不仅要证明行为人实施了污染、破坏生态环境的危害行为，而且要证明行为人在实施该行为时具有主观罪过。

(二) 结果归责原则

结果归责原则，是指以法定的危害结果作为犯罪构成的必备要件，危害结果的发生是构成犯罪的条件，而不是加重处罚的条件。从整体上来看，我国在生态环境犯罪中以结果归责原则为主，换言之，环境犯罪多为结果犯。我国《刑法》第六章第六节"破坏环境资源保护罪"中，多

---

〔1〕 刘仁文：《环境资源保护与环境资源犯罪》，中信出版社 2004 年版，第 259 页。

数犯罪都是结果犯，少数犯罪设定为行为犯，所以，我国的多数环境犯罪都以发生危害结果作为成立条件。

以最具代表性的污染环境罪为例，我国《刑法》第338条规定：违反国家规定，排放、倾倒或者处置有放射性的废物、含传染病病原体的废物、有毒物质或者其他有害物质，严重污染环境的，处3年以下有期徒刑或者拘役，并处或者单处罚金；情节严重的，处3年以上7年以下有期徒刑，并处罚金。由基本犯中"严重污染环境的"可见，该罪的基本构成条件是要求包含实害结果的，"严重污染环境"应解释为存在法益侵害的特定结果或者具有法定侵害后果，这是污染环境罪的客观构成要件。[1]虽然《刑法修正案（十一）》将加重犯中的"结果特别严重的"修改为"情节严重的"，该修改有变更该罪行为本位之义，即由结果犯变更为行为犯，但此次修改终究没有在法条原文上表明该罪的行为犯属性。

（三）责任推定原则

我国刑法在生态环境犯罪中并没有直接规定责任推定原则，也没有对因果关系的认定作出具体规定。但是，由于生态环境犯罪具有特殊性，如果仅运用传统的相当因果关系理论，容易造成刑罚疏漏。故而在司法机关办理环境违法犯罪案件时，多采用推定原则来确定因果关系。因此，可以认为我国对环境犯罪因果关系的认定采用了事实上的

---

〔1〕 田宏杰：《立法演进与污染环境罪的罪过——以行政犯本质为核心》，载《法学家》2020年第1期。

责任推定原则。

长期以来，对于环境犯罪因果关系的认定具体适用何种因果关系理论，我国刑法学界始终没有达成共识。刑法因果关系论长期存在着诸多学说的争论，环境犯罪特殊的发展机理使污染环境因果关系具有了隐蔽性、复杂性、高科技性等特点，无法适用传统因果关系理论查明从污染源排放直至污染结果发生的具体经过，只好从特殊侵权行为理论中另辟蹊径。[1]所以，有关环境侵权行为因果关系的研究成果被吸收到刑法学中，并根据环境刑法的政策需要和功能定位进行了适当改造，从而诞生了当今流行的疫学因果关系论和推定规则。[2]可见，我国在生态环境犯罪中采用事实上的推定原则来确定因果关系，是理论界和实务界适度援引、共同探索的结果。

（四）双重处罚原则

对于单位实施的生态环境犯罪，我国刑法规定了双罚制，既处罚单位直接负责的主管人员和其他直接责任人员，也处罚单位，体现了双重处罚原则，并且以一条综合性的规定概括了破坏环境资源保护罪一节中关于单位犯罪的处罚规定。即我国《刑法》第346条规定：单位犯本节第338条至第345条规定之罪的，对单位判处罚金，并对其直接负责的主管人员和其他直接责任人员，依照本节各该条

---

〔1〕　白贵秀：《基于法学视角的环境标准问题研究》，载《政法论丛》2012年第3期。

〔2〕　李希慧等：《环境犯罪研究》，知识产权出版社2013年版，第82页。

的规定处罚。

三、中外生态环境犯罪刑罚适用原则之比较

（一）中外生态环境犯罪刑罚适用原则的共性

第一，都体现了结果加重原则。在国外的环境刑法中，生态环境犯罪大多属于行为犯或危险犯，且治理理念以预防主义为主，为了实现刑法对环境法益保护的预先介入，所以在较多犯罪中规定了基本犯的同时，又对发生实害结果的情形规定了加重法定刑，这使得结果加重原则得以广泛适用。在我国刑法中，环境犯罪多为结果犯，实害结果主要作为构成犯罪的条件，而非加重处罚的条件，但在少数行为犯中，同样也适用了结果加重原则。例如我国《刑法》第339条对擅自进口固体废物罪的规定：未经国务院有关主管部门许可，擅自进口固体废物用作原料，造成重大环境污染事故，致使公私财产遭受重大损失或者严重危害人体健康的，处5年以下有期徒刑或者拘役，并处罚金；后果特别严重的，处5年以上10年以下有期徒刑，并处罚金。

第二，都采用了双重处罚原则。在国外的环境刑法中，无论是英美法系国家还是大陆法系国家，基本都对法人实施的环境犯罪规定了双罚制，即处罚自然人的同时也处罚法人本身。如前文所述，在我国的环境刑法中，同样规定了单位实施环境犯罪的刑事责任。虽然具体适用方式和表述形式不完全一致，但这一点的立意是基本相通的。

（二）中外生态环境犯罪刑罚适用原则的差异

第一，刑事责任的归责原则不同。在国外的环境刑法

中，尤其是英美法系国家，刑事责任的归责原则多为严格责任原则，而我国环境刑法至今没有引入严格责任原则，环境犯罪仍须遵从刑法总则确立的罪过责任原则。但是在我国刑法理论界，关于环境犯罪是否应当适用严格责任原则，学界始终争论不休、众说纷纭。越来越多的观点认为，在我国自然资源与生态环境日益遭受破坏、污染的现实背景下，无论从现实层面还是从刑事立法、司法层面，适用相对严格责任制度有助于刑法人权保障机能与防卫社会机能的同时实现。[1]

第二，结果加重原则的适用范围不同。基于生态环境犯罪的特殊性，西方国家更加重视发挥刑法在环境犯罪中的预防功能，坚持预防主义立场，在更大程度上让刑法提前介入到环境保护的阶段中，故而将多数环境犯罪设置为危险犯甚至行为犯，在此基础上，对造成实害结果的行为人科予更加严厉的刑罚，因此，结果加重原则得到广泛适用。而在我国环境刑法中，多数犯罪仍为结果犯，以实害结果为犯罪成立条件而非加重处罚条件，虽然历次修订有转变部分罪名的行为本位之趋势，但就目前来看，结果加重原则的适用范围明显小于外国刑法。

第三，适用责任推定原则的明确性不同。虽然在生态环境犯罪的司法实务中，我国与多数国家基本一致，通过责任推定原则来确定环境危害行为与危害结果之间的因果

---

〔1〕 李佩遥：《论严格责任适用于我国环境犯罪的可行性》，载《社会科学家》2019 年第 11 期。

关系，但在法律规定的明确性方面，仍存在较大差异。如前文所述，有些国家直接在法条中明文规定了推定原则，而我国刑法中并无此类表述，因此，我国环境犯罪中的责任推定原则仍停留在事实层面，尚未得到法律的明确。

第四，法人犯罪与单位犯罪的差异。一般情况下，可以将外国刑法中的"法人犯罪"理解为我国刑法中的"单位犯罪"，但深入探究会发现，"法人"和"单位"的涵盖范围是存在差异的。我国《刑法》第 30 条规定：公司、企业、事业单位、机关、团体实施的危害社会的行为，法律规定为单位犯罪的，应当负刑事责任。最高人民法院 1999 年《关于审理单位犯罪案件具体应用法律有关问题的解释》对单位犯罪的范围进一步加以规定，该解释第 1 条规定：《刑法》第 30 条规定的"公司、企业、事业单位"，既包括国有、集体所有的公司、企业、事业单位，也包括依法设立的合资经营、合作经营企业和具有法人资格的独资、私营等公司、企业、事业单位。再结合我国的社会现状可知，刑法中的"单位"概念是可以涵括法人和非法人组织体的。

四、我国生态环境犯罪刑罚适用原则存在的问题

(一) 尚未引入相对严格责任原则

我国环境刑法至今仍坚持传统的罪过责任原则，检察机关在指控环境犯罪时，不仅要证明行为人实施了危害环境行为，包括结果犯中的实害结果，而且要证明行为时存在主观罪过。严格责任原则的缺失在一定程度上制约了刑

法对环境犯罪的打击力度，反观国外，严格责任的运用取得了较好的法律效果，所以近年来，对于我国环境刑法是否应当引入严格责任原则的问题，学界争议很大。

反对引入严格责任原则的理由主要有：第一，严格责任与我国的刑法理论、法律体系和司法现实均不协调，无论是在保护公共利益方面还是方便诉讼方面都是站不住脚的，[1]其适用会打破长期以来适用过错责任的传统，不仅会违背罪责刑相适应原则、罪刑法定原则、无罪推定原则以及主客观相统一原则等原则，[2]也会违背我国的宽严相济的刑事政策。第二，严格责任在实践中不具有可操作性，为了兼顾经济发展和环境保护，司法实践中我国实务部门很少惩罚环境犯罪，认为适用严格责任能解决存在已久的环境问题是过于理想化的。[3]第三，在环境犯罪中适用严格责任将在一定程度上阻碍经济社会的发展，进而减少社会总福利。[4]第四，"刑法对环境犯罪的主观罪过应该保留过错原则，以与《民法典》环境污染和生态破坏责任的无过错责任原则形成轻重有别层次分明的责任体系，这恰

---

〔1〕　张继刚：《环境犯罪归责原则研究》，载《刑事法评论》2018 年第1 期。

〔2〕　姜文秀：《污染环境罪认定中的严格责任适用问题》，载《人民检察》2016 年第 7 期。

〔3〕　蒋兰香：《环境犯罪基本理论研究》，知识产权出版社 2008 年版，第 224 页。

〔4〕　侯艳芳：《我国环境犯罪惩治中严格责任制度之否定研究》，载《河南大学学报（社会科学版）》2010 年第 4 期。

恰是刑法和民法在环境治理责任追究上的衔接体现"。[1]

　　赞成引入严格责任原则的理由主要有：第一：严格责任在环境犯罪领域的适用有其重要的价值，不仅可以有效地遏制犯罪行为的发生，威慑潜在的犯罪人，也可以提高司法效率，节约司法成本，[2]同时严格责任与传统的过错原则、罪责刑相适应原则、罪刑法定原则、无罪推定原则，以及主客观相统一原则等原则并不冲突。[3]第二，在环境刑事立法中规定严格责任原则，有利于惩治严重危害公共安全、影响公共利益的环境污染行为，有利于实现刑法对于生态环境的保护，从而保障国家生态安全。[4]第三，环境犯罪具有其内在的特殊性，为解决证明犯罪意图是否存在的司法困境，将相对严格责任适用于污染型环境犯罪中有利于保障社会公众的安全、健康，有利于社会的可持续发展。[5]第四，从刑事诉讼的公正性、效率性和诉讼经济性角度考虑，相对严格责任的适用大有裨益。第五，相对严格责任与传统的罪过原则虽然外在表现不同，但本质相同，相对严格责任的本质仍然是过错责任，相对严格责任

---

　　〔1〕　刘艳红：《民法典绿色原则对刑法环境犯罪认定的影响》，载《中国刑事法杂志》2020 年第 6 期。

　　〔2〕　武姗姗：《论相对严格责任在我国环境犯罪领域的适用》，载《学术交流》2014 年第 1 期。

　　〔3〕　谷永超：《我国环境犯罪中引入严格责任的立法考量》，载《人民检察》2017 年第 12 期。

　　〔4〕　雷鑫：《论环境犯罪适用严格责任的价值》，载《求索》2010 年第 4 期。

　　〔5〕　曾粤兴、周兆进：《环境犯罪严格责任研究》，载《宁夏社会科学》2015 年第 1 期。

只是传统罪过责任的例外情形。[1]

两种观点都有一定的道理。但是，如前文所述，严格责任的内涵已经有了新的发展，现代意义上的严格责任是指相对严格责任。而且，学界对于严格责任的否定实际上大多是否定绝对严格责任，而非否定相对严格责任，相对严格责任有其自身的优势，其并不与传统理论相冲突，反而可以弥补传统理论在处理环境问题上的不足，因此在环境犯罪中引入相对严格责任是适当的。[2]适当引入相对严格责任治理愈加严重的环境污染问题具有时代性的进步意义，在环境犯罪中适用严格责任已逐步成为国际社会刑事立法中的发展趋势。[3]另外，我国刑法对"巨额财产来源不明罪""非法持有毒品罪"和"强奸罪"奸淫幼女的规定中都有相对严格责任存在的痕迹，[4]可见将相对严格责任引入环境犯罪并非无根之木。再结合我国治理环境犯罪的现实来看，可以说，对严格责任的排斥已经成为我国环境刑法的一项不足。

（二）尚未明确责任推定原则

在生态环境犯罪中，责任推定原则的价值主要是解决

---

　〔1〕　周兆进：《我国环境犯罪适用严格责任的应然分析》，载《海南师范大学学报（社会科学版）》2016年第10期。

　〔2〕　郑祖星：《环境犯罪中相对严格责任的引入与适用》，载《江西社会科学》2021年第1期。

　〔3〕　雷鑫：《严格责任移植于环境刑法中的价值分析》，载《法学杂志》2009年第6期。

　〔4〕　宋旭平、梁分：《环境污染犯罪中严格责任的引入及适用研究》，载《山东社会科学》2018年第8期。

因果关系认定难的问题。关于因果关系的认定，在国内外刑法学界存在相当因果关系说、条件说和原因说等学说，在一般刑事犯罪中，这些学说解决因果关系的认定没有问题，但由于生态环境犯罪的特殊性，传统因果关系学说在适用中常常出现捉襟见肘的问题。一方面，环境犯罪的危害结果多是污染物长期积累和相互作用的结果，往往经过较长时间才会发生，导致因果关系变得隐蔽，证据容易灭失，不易查明；另一方面，造成实害结果的原因错综复杂，可能是基于多种因素或条件，牵连到环境中的各个要素，有时可能存在多个行为人的多种行为中。因此，传统因果关系理论在生态环境犯罪的适用中面临着严峻的挑战。

面对这种困境，责任推定原则应运而生。该原则最初由日本的《公害罪法》创立，由于其运用不仅使污染环境的犯罪分子得到了应有的制裁，而且又不失科学性，目前已为多数国家采用，如德国、加拿大等。[1]我国在环境犯罪的司法实践中采用了事实上的责任推定，但是刑法立法中并没有关于责任推定原则的直接表述，这种方式类似于选取了一条折中路线，虽然也具备责任推定的效果，但也可能带来司法工作人员自由裁量权过大的弊端。

（三）尚未完全确立预防主义的治理理念

在我国环境刑法中，多数罪名的成立仍以实害结果为必备要件，即结果犯，而对于一些较为严重的危险行为，

---

〔1〕 赵秉志、李山河：《环境犯罪及其立法完善研究——从比较法的角度》，北京师范大学出版社 2011 年版，第 117 页。

仍然不能追究行为人的刑事责任。虽然法律会追究行为人的民事责任或行政责任，但刑事责任的缺位，终究不符合生态治理的理念。可以说，长期以来，我国环境刑法都存在"惩罚主义主导、预防主义式微"的缺陷。而在环境犯罪中，惩罚主义、结果归责并不能防患于未然，也不能快速恢复被破坏的生态环境。甚至可以说，在惩罚主义治理模式之下，环境犯罪基本处于虚置状态，成为备而无用的纸面上的法。[1]

对于预防主义或惩罚主义的争论，更深层次上则体现为积极刑法观和消极刑法观的博弈。简要来说，积极刑法观主张刑法可以较早地介入到法益保护中，而消极刑法观坚持刑法的被动性，认为刑法只惩罚造成已然结果的行为。在当今的环境刑法中，积极刑法观所支持的预防主义治理模式逐渐为立法所采纳。随着风险社会的来临，基于法益侵害的消极刑法观已经略显保守，因此各国都开始了刑法观的转向，即从消极的法益保护（没有法益侵害，刑罚权就不能发动），转变为积极的法益保护（立法上主动发现、积极评估未来可能出现的法益危险或者实害并及时跟进，确立相对较低的轻罪行为入刑标准）。[2]我国也是如此，尤其是通过《刑法修正案（十一）》增设的一系列新罪，尽管理论界对此有不同

---

〔1〕 王勇：《再论环境犯罪的修订：理念演进与趋势前瞻》，载《重庆大学学报（社会科学版）》2021年第5期。

〔2〕 周光权：《转型时期刑法立法的思路与方法》，载《中国社会科学》2016年第3期。

解读，但积极刑法观在我国已经正式确立。[1] 纵观环境刑法的历次修订，我国的治理理念已然由惩罚主义转向预防主义，但尚不能言完全确立，仍有完善空间。

第二节　生态环境犯罪刑罚种类的比较研究

一、域外生态环境犯罪的刑罚种类之特点

（一）注重适用自由刑

自由刑是以剥夺犯罪人的自由为主要内容的刑罚。遍观世界各国的环境刑法，在刑罚种类上都注重自由刑的适用。自由刑具有刑度范围大的优势，从最宽缓的自由刑到最严厉的自由刑，跨越了较大的刑度，因而自由刑在多数犯罪中都能适用，环境刑法也集中体现了这一点。就污染、破坏生态环境行为的社会危害性而言，其不可谓轻微，所以较为宽缓的财产刑、资格刑不能满足惩治犯罪的需要，也不符合罪责刑相适应原则；但是，其危害性往往也达不到与严重危及公共安全或暴力侵害人身权利相当的程度，所以也不宜广泛适用死刑等更重的刑罚。而且，生态环境与经济发展之间具有一定的制约关系，如果对环境犯罪设置过重的刑罚，也有可能在一定程度上影响经济发展的积极性。所以域外环境刑法都注重适用自由刑。

---

〔1〕　张明楷：《增设新罪的观念——对积极刑法观的支持》，载《现代法学》2020 年第 5 期。

(二) 普遍适用罚金刑

罚金刑是指法院判处犯罪人向国家缴纳一定数额金钱的刑罚方法。在环境犯罪的刑罚设置上，各国毫无例外地特别重视罚金刑的作用，在很多相对较轻的环境犯罪中罚金刑是唯一的刑罚，一些国家甚至将其提升为主刑，与自由刑并列规定。[1]比如在《德国刑法典》第二十九章"危害环境"犯罪中，罚金刑被视为与自由刑同等地位的刑罚。[2]罚金刑之所以受到各国的高度重视，与其内在的经济性是分不开的。在环境犯罪中，无论是自然人还是单位，犯罪的起因大多与犯罪分子追求经济利益有关，如犯罪分子将固体废物乱堆乱放以减少处理费用，工厂向水流中随意排放有毒有害废水来实现节约成本的目的。正因如此，从经济上对犯罪分子进行处罚，更符合环境犯罪的本质特征。[3]

(三) 突出适用资格刑

资格刑是以剥夺犯罪人的某种资格为内容的刑罚。资格刑将危险性较高的罪犯与社会隔离开来，不仅可以在一定程度和范围内满足社会对犯罪恶害的报应情感，还可以满足预防犯罪的需要。[4]在生态环境犯罪中，行为人实施

〔1〕 赵秉志、李山河：《环境犯罪及其立法完善研究——从比较法的角度》，北京师范大学出版社 2011 年版，第 117 页。

〔2〕 高铭暄、郭玮：《论环境犯罪附加刑的目的、价值与完善》，载《甘肃社会科学》2021 年第 1 期。

〔3〕 张波：《我国环境犯罪附加刑的立法完善》，载《学术交流》2016 年第 11 期。

〔4〕 邓文莉：《刑罚配置论纲》，中国人民公安大学出版社 2009 年版，第 145~146 页。

犯罪时往往会利用自己的职业身份，若以资格刑剥夺其从业资格，可以起到釜底抽薪的作用，较好地预防环境犯罪。在国外，很多国家都在刑法典中规定了环境犯罪资格刑的处罚方式，如《俄罗斯联邦刑法典》第九编第二十六章规定的绝大多数环境犯罪都有关于剥夺被判刑人担任一定职务或从事某种活动权利 3 年至 5 年不等的刑罚规定。[1]此外，加拿大、罗马尼亚、越南等国家都在刑法典中规定了资格刑，种类丰富的资格刑使环境附加刑呈现多样化的特点，实践证明资格刑的适用具有很好的效果。

（四）配合适用非刑罚措施

非刑罚措施，是指审判机关根据案件的不同情况，对于犯罪分子直接适用或者建议有关主管部门适用的刑罚以外的其他处理方法的总称。[2]非刑罚措施也是刑事责任的一种实现方式。由于生态环境犯罪具有特殊性，其危害结果往往表现出长期化、持续化的特征，仅适用刑罚措施固然可以起到惩治环境犯罪的目的，但无助于修复被破坏的生态环境，因此针对传统刑罚措施在环境犯罪中适用的困境，很多国家在其环境刑法中明确规定了可以适用特定的非刑罚措施，如责令恢复原状、限期治理等。《俄罗斯联邦刑法典》第二十六章中的多数生态类犯罪，《朝鲜刑法典》第 212 条关于非法经营渔业或狩猎的犯罪和《阿尔巴尼亚刑

---

〔1〕《俄罗斯联邦刑法典》，黄道秀译，北京大学出版社 2008 年版，第 128~135 页。

〔2〕马克昌：《刑罚通论》，武汉大学出版社 2002 年版，第 731 页。

法典》第117条至第120条关于土地关系方面的犯罪中，都规定了不剥夺被判刑人自由的类似于责令恢复环境的劳动改造,[1]其实质就是一种非刑罚措施。

二、我国生态环境犯罪的刑罚种类之特点

(一) 广泛适用自由刑

我国《刑法》第六章第六节"破坏环境资源保护罪"规定的罪名中，无一例外都设置了自由刑，具体包括有期徒刑、拘役和管制三种。自由刑相对可控的量刑幅度与多数环境犯罪的危害性相契合，再结合单位犯罪的双罚制，能够对实施环境犯罪的自然人或单位犯罪中的入罪责任人员起到较好的教育改造效果。因而自由刑的用武空间大，适用广泛。

(二) 普遍适用财产刑

财产刑普遍适用于我国环境刑法中，包括罚金和没收财产，涵盖了自然人犯罪和单位犯罪，其中罚金更是适用于我国环境刑法中的所有罪名。罚金刑在我国环境犯罪中的适用方式有三种：一是并处型，即对某种环境犯罪判处主刑时，必须同时附加适用罚金；二是并处或单处型，即对某些犯罪可以适用自由刑并处罚金，也可以单处罚金；三是单处型，即对某些犯罪可以单独适用自由刑，也可以单独适用罚金刑。没收财产仅适用于危害珍贵、濒危野生

---

〔1〕 赵秉志、王秀梅、杜澎：《环境犯罪比较研究》，法律出版社2004年版，第293~294页。

动物罪中特别严重的情形。

(三) 刑罚种类较少

目前来看，我国环境刑法中的刑罚种类以财产刑和自由刑为主，主要包括罚金、没收财产、管制、拘役、有期徒刑等，暂无明确的类似于责令恢复环境等非刑罚措施的规定，而且也没有配置丰富多样的资格刑。虽然财产刑和自由刑是环境犯罪中传统有效的刑罚方式，在惩治环境犯罪中承载着核心职能，但在预防环境犯罪和恢复环境法益方面，有些力不从心，这凸显出我国环境刑法所设刑罚种类较少的问题。

三、中外生态环境犯罪的刑罚种类之比较

(一) 中外生态环境犯罪的刑罚种类的共性

第一，都注重适用自由刑。无论是在域外还是在我国的环境刑法中，自由刑都居于中心地位。自由刑之所以广泛适用，与其刑度范围大的特征相关，无论轻型环境犯罪还是重型环境犯罪，均有自由刑适用的空间。纵观当今世界各国的环境刑法，虽然许多国家开始将主要刑罚从自由刑转向罚金刑，出现了刑罚轻缓化的国际趋势，但是，罚金刑作为一种附加刑，其终究难以独立承担教育、改造罪犯的刑罚宗旨。至少在现阶段，自由刑仍是实现刑法目的的主要方式。不仅是我国，其他如美国、英国、德国、日本等国家环境刑法的每一个罪名中也几乎都规定了自由刑。

第二，都普遍适用罚金刑。当今世界各国的环境刑法

都重视罚金刑的适用，其经济性决定了其在环境犯罪中广泛适用的可能性，而且，其上下浮动的可调节性、对法人犯罪的面向性，也使其更容易符合各国国情。因而，不论我国还是西方国家，几乎在每一个环境犯罪罪名中都设置了罚金刑。

（二）中外生态环境犯罪的刑罚种类的差异

第一，刑罚种类不同。如前文所述，我国环境刑法以自由刑和财产刑为主，而域外环境刑法还规定了各种资格刑，以预防行为人再次实施环境犯罪。在我国刑法中，资格刑只有附加"剥夺政治权利"，而这种资格刑与生态环境犯罪的属性并不相符，因此难以适用。虽然 2015 年通过的《中华人民共和国刑法修正案（九）》增设了"从业禁止"的规定，但学界对其性质仍存有争议，还不能明确认为是一种资格刑。[1]因此，中外环境犯罪的刑罚种类有较大差异。

第二，非刑罚措施的适用程度不同。域外环境犯罪中的非刑罚措施由来已久，且类型丰富、表现形式各异，如俄罗斯、朝鲜、阿尔巴尼亚等国家在其环境犯罪中规定的劳动改造和朝鲜、阿尔巴尼亚等国家在其环境犯罪中规定的没收犯罪工具，虽然在形式上作为刑罚的一种，但其实质上应是一种非刑罚措施。[2]我国《刑法》第 37 条规定

---

〔1〕 韩宝庆：《资格刑预防再犯功能的审视——基于从业禁止入刑立法考量为视角的展开》，载《东北师大学报（哲学社会科学版）》2021 年第 5 期。

〔2〕 赵秉志、李山河：《环境犯罪及其立法完善研究——从比较法的角度》，北京师范大学出版社 2011 年版，第 121 页。

的非刑罚措施包括：训诫或者责令具结悔过、赔礼道歉、赔偿损失，或者由主管部门予以行政处罚或者行政处分。在实践中，法官根据刑事政策和司法实践的需要，创新出补植复绿、增殖放流、缴纳生态修复费、巡山管护等生态修复措施，[1]这些措施可以视为环境犯罪领域的特殊非刑罚措施。但总体来看，中外环境犯罪对非刑罚措施的适用程度存在较大差异。

四、我国生态环境犯罪刑罚种类存在的问题

（一）罚金刑采用无限额罚金制导致可操作性欠缺

根据我国《刑法》总则的规定，罚金数额根据犯罪情节决定，《刑法》分则各类罪名根据自身的特殊性设置合适的罚金数额。如在生产、销售伪劣产品罪中，罚金数额根据销售金额确定；在走私普通货物、物品罪中，罚金数额根据应缴税额确定。但在环境犯罪中采用无限额罚金制，只概括地规定了适用罚金刑，而没有规定罚金刑的确定标准或适用幅度，导致罚金刑数额模糊不清，可操作性欠缺。在环境犯罪中，危害行为对于加害方而言，本就产生于经济利益与可能面临的制裁之间的博弈。有观点认为，在惩治环境犯罪的领域广泛适用罚金刑难免引起公众产生"以钱赎罪"的质疑。[2]也有观点担忧，罪犯间经济水平的不

---

〔1〕 徐本鑫、刘彩群：《环境犯罪非刑罚处罚措施的适用问题研究》，载《江西理工大学学报》2019年第4期。

〔2〕 马克昌：《刑罚通论》，武汉大学出版社1999年版，第198～199页。

统一让刑罚效果产生"同罪异罚"的风险。[1]这些担忧不无道理，无限额罚金制的具体操作在司法实践中难以统一，导致不同地区类似案件的处罚存在较大差距，给公众一种主观上的随意，从而破坏了刑罚的严肃性。[2]

（二）资格刑的缺位导致刑法预防再犯功能难以发挥

域外环境刑法大都在刑罚中设置了资格刑，且实践证明具有良好的法律效果。在我国环境犯罪所适用的附加刑中并没有关于资格刑的规定，这是我国环境刑事立法的一个重大的缺陷。[3]环境犯罪的主体多为法人，对于法人犯罪，我国刑法只规定了财产刑一种处罚方式，显然不能很好地发挥刑法的预防再犯功能。对于一些财力雄厚的企业，判处的罚金往往不能伤其筋骨，甚至在极端情况下，罚金刑反而能够帮助企业逃避更严厉的刑罚。多数情况下，涉事企业之所以能实施危害环境的行为，主要倚仗的是其从业资格，如拥有排污许可权、具备捕捞水产品资格、获得采矿许可证等。对犯罪主体判处财产刑而不剥夺其从业资格，无疑是治标不治本，只有判处以剥夺从业资格为内容的刑罚，才能真正威慑犯罪主体，起到预防再犯的作用。而

〔1〕马登民、徐安住：《财产刑研究》，中国检察出版社2004年版，第235~237页。

〔2〕王吉春：《我国环境犯罪的刑罚完善》，载《上海政法学院学报（法治论丛）》2014年第5期。

〔3〕赵秉志、陈璐：《当代中国环境犯罪刑法立法及其完善研究》，载《当代法学》2011年第6期。

且，资格刑还可以克服罚金刑"重罚不重教"的弊端。[1]
当前，围绕特定职业、行业增设资格型已成为学界共识，
在将来的立法中，可以对基于特定从业资格而实施环境犯
罪的主体，在一定期限内限制或剥夺从事某项业务或活动
的资格。[2]虽然"从业禁止"的规定已有创设资格刑的趋
势，但亟待配套完善。

（三）非刑罚措施不健全导致生态恢复性司法难以落实

我国《刑法》尚未针对生态环境犯罪设置特定的非刑
罚措施，生态修复、恢复原状等补救措施需从民事、行政
法律中寻求依据。非刑罚措施对于惩治和预防环境犯罪具
有积极意义，现行刑法明确规定了训诫、责令具结悔过等几
种非刑罚措施，但并非针对环境犯罪而设置，其适用方式的
局限性注定难以发挥惩罚与预防环境犯罪的理想效果。[3]无
论缴纳多大数额的罚金，都无法改变自然环境已经受到破
坏的事实，也不利于贯彻低碳经济下保护环境、建设生态
文明的理念。[4]所以，创设面向生态环境犯罪的非刑罚措
施确有必要。非刑罚措施作为现代刑事政策多元发展的产
物，可以在一定程度上弥补自由刑和财产性的不足，因为

---

〔1〕 陈珊：《论水生态环境犯罪的科学立法》，载《学习与实践》2015
年第 11 期。

〔2〕 李梁：《环境污染犯罪的追诉现状及反思》，载《中国地质大学学
报（社会科学版）》2018 年第 5 期。

〔3〕 韦尧瀚：《我国环境犯罪非刑罚措施的完善——以我国生态修复或
恢复原状刑事判决为切入点》，载《社会科学家》2021 年第 9 期。

〔4〕 张磊：《低碳经济背景下我国环境刑法立法面临的挑战与对策》，
载《河南大学学报（社会科学版）》2011 年第 1 期。

责令补救、恢复原状或限期治理等非刑罚措施秉持生态文明理念，其主要功能在于减轻或消除犯罪行为对生态环境业已造成的持续危害状态，使受到破坏的环境得到及时的修复与治理，而不在于对过去犯罪行为的惩罚，或者说以惩治已然犯罪为次要目的。近年来，生态恢复性司法在学界备受推崇，且在域外刑事司法中取得了较好的法律和生态效果，但我国与之配套的非刑罚措施尚不健全，在实践中仍存有适用的阻碍。

第三节　生态环境犯罪法定刑配置的比较研究

一、域外生态环境犯罪的法定刑配置之特点

（一）法定刑较为宽缓

通过横向对比其他公害类犯罪，可以发现生态环境犯罪的法定刑配置还是相对宽缓的。一方面，多数国家的环境刑法都摒弃了死刑和无期徒刑。由于环境犯罪多发于经济发展过程中，行为人对于一些行政禁止性规定虽是明知故犯，但对于实害结果或重大危险的发生一般是过失心态，所以法定刑多以有期自由刑和财产刑为主。如荷兰、瑞典对危害环境罪的最高监禁刑仅为 4 年。[1]另一方面，各国在环境刑法中都扩大了财产刑的适用。虽说环境犯罪的法

---

〔1〕　杨春洗、向泽选、刘生荣：《危害环境罪的理论与实务》，高等教育出版社 1999 年版，第 99 页。

定刑以有期自由刑和财产刑为主，但两者之间，又以后者为主。域外环境刑法中，几乎每一种犯罪都配置有财产刑，而且一些较轻的犯罪直接排除了自由刑的适用，可以单独适用财产刑。如《俄罗斯刑法典》第 253 条、第 254 条第 1 款、第 255 条、第 257 条均没有规定自由刑的适用。[1] 对于财产刑常见的执行难问题，国外也有所创新。在罚金刑的执行方式上，有的国家规定了易科制度，即在被判刑人不能缴纳罚金或恶意逃避罚金刑的执行时，可以以自由刑、留置劳役场所或具体环境犯罪条款规定的其他刑罚代替。如《日本刑法典》第 18 条规定：对于不能缴清罚金的人，在规定的时间要扣留于劳役场，以劳动代替罚金。[2]

（二）法定刑日趋严厉

虽然域外环境犯罪的法定刑以自由刑和财产刑为主，但近年来有不断从严的趋势。一方面，有些国家在环境刑法中已经规定了较重的自由刑和财产刑。例如美国的《联邦水污染控制法》规定：故意违反该法有关规定，使他人处于死亡或严重人身伤害的极度危险的，最高可处 15 年监禁，如果是累犯，则最高可处 30 年监禁，法人犯此罪的，最高罚金可达 100 万美元。[3] 又如《德国刑法典》规定环

---

〔1〕《俄罗斯联邦刑法典》，黄道秀译，北京大学出版社 2008 年版，第 131~133 页。

〔2〕《日本刑法典》，张明楷译，法律出版社 2006 年版，第 12 页。

〔3〕赵秉志、王秀梅、杜澎：《环境犯罪比较研究》，法律出版社 2004 年版，第 337 页。

境犯罪的最高刑是 10 年监禁，这与危害性极大的组织恐怖集团罪的最高刑等同。[1]另一方面，近年来很多国家通过修订刑法以加重对环境犯罪的惩治力度。如美国和日本都曾在 20 世纪 80 年代初期，根据环境犯罪的情势，提高了环境犯罪的刑罚幅度。[2]又如德国在第 31 部刑法修改法中，对环境犯罪的内容进一步完善，增设"污染土地罪""噪声污染罪"等罪名，将过失犯"污染水体罪"等罪的法定刑由原来的"2 年以下有期徒刑"提高为"3 年以下有期徒刑"。

（三）整体宽严相济、轻重有别

域外环境刑法往往根据个罪的构成要件、情节轻重、危害结果等设置不同层次的法定刑，整体上宽严相济，结构严谨。首先，法定刑配置强调主观心态。多数国家在环境刑法中对故意犯罪和过失犯罪配置了轻重程度不同的法定刑，对故意犯罪的惩罚明显高于过失犯罪，以体现罪责刑相适应原则。其次，法定刑配置结合犯罪情节。各国对污染环境犯罪的刑罚规定中，分别对不同程度的犯罪行为给予不同程度的刑罚，主刑与附加刑相互配合，轻重刑罚之间相互衔接，刑罚措施与非刑罚措施相互补充，刑罚规

---

〔1〕　傅学良：《论环境刑法中的刑罚配置与改革》，载《清华法治论衡》2012 年第 2 期。

〔2〕　张福德：《美国环境犯罪的刑事政策及其借鉴》，载《社会科学家》2008 年第 1 期。

定有明确的刑罚阶梯。[1]最后，法定刑配置考量实害结果。即对于结果犯的处罚较重，对于行为犯和危险犯的处罚较轻。

另外，对比各国的环境犯罪法定刑，会发现各国法定刑的幅度差异很大。如日本的自由刑幅度因犯罪行为的危害程度不同，从6个月以下惩役到无期徒刑，甚至还规定了死刑；而有的国家则采取轻刑化的刑罚政策，对自由刑规定的法定最高刑为3年有期徒刑，如《奥地利刑法典》第108条对故意侵害环境犯罪行为的规定。[2]

二、我国生态环境犯罪的法定刑配置之特点

（一）法定刑较为宽缓

我国《刑法》第六章第六节规定的犯罪中，法定刑只涵盖了有期徒刑、拘役、管制、没收财产和罚金五种刑罚，排除了死刑和无期徒刑，且短期自由刑和罚金所占比重较大，可以说刑罚力度整体上是较为宽缓的。环境犯罪有着区别于其他犯罪的特点，行为人多是出于贪利性犯罪，对其适用死刑既不符合罪责刑相适应原则，也不符合废除死刑的世界刑罚潮流。[3]法定刑轻缓有两方面表现：其一，与其他章节的犯罪相比，环境犯罪的自由刑刑期相对较短，

---

〔1〕　苏颖：《我国环境犯罪刑罚配置问题研究》，昆明理工大学2017年硕士学位论文，第9页。

〔2〕　张远煌：《犯罪学原理》，法律出版社2008年版，第36页。

〔3〕　杨焱：《我国环境犯罪刑罚配置的完善研究》，重庆大学2019年硕士学位论文，第6页。

比如同属于贪利型犯罪，盗伐林木罪的最高刑为 15 年有期徒刑，而盗窃罪的最高刑却是无期徒刑；其二，罚金刑虽然在每种环境犯罪中都有规定，但在罚金数额的确定方式上，我国实行的是无限额罚金制，由法官根据案件情节来确定罚金数额，实践中判处的罚金数额往往较低，尚不足以填补环境修复费用。

（二）法定刑日趋严厉

近年来，随着对生态法益重视程度的逐步提高，我国的环境刑事立法经历了一番变革，刑罚力度也相应随之加强。《刑法修正案（十一）》对污染环境罪的修订就是典型体现。本次修订从两个方面对污染环境罪的法定刑进行了调整：其一，由两个罪刑阶段调整为三个罪刑阶段，并且修改了不同罪刑阶段的适用条件。就第一个罪刑阶段而言，适用条件与法定刑未作调整。就第二个罪刑阶段而言，适用条件由"后果特别严重的"变更为"情节严重的"；同时，法定刑有所调整，即原"3 年以上 7 年以下有期徒刑"的规定不变，但是罚金刑由"并处或者单处罚金"变更为"并处罚金"。此外还新增了第三个罪刑阶段，即针对特定区域环境的严重破坏或者致人重伤、死亡等情形，规定了"7 年以上有期徒刑，并处罚金"。这是因为饮用水水源保护区、自然保护地等核心保护区，国家确定的重要江河、湖泊，以及永久基本农田等，事关生态安全、粮食安全和食品安全、饮用水安全，一旦被污染所造成的后果将更加严重，需要采取更严格的保护措施，以体现刚性约束的功能，从而划出不得触碰的高压线。[1]其二，新增条款：有前款行为，同时构成其他犯罪的，依照处罚较重的规定定罪处罚。也就是说，行为人构成污染环境罪的同时，可以构成投放危险物质罪、以危险方法危害公共安全罪。根据想象竞合犯从一重罪处断的原则，最高可以判处10年以上有期徒刑、无期徒刑或者死刑。经过调整之后，污染环境罪的法定刑结构实现了由轻到重的全系列覆盖，能够根据环境污染的不同情形而适用轻重相当的刑罚，这不仅是实现罪刑均衡的需要，更体现了"用最严格制度最严密法治保护生态环境"的政策导向。[2]

（三）整体轻重有别、层次分明

按照犯罪构成、量刑情节等设置不同层次的法定刑，是刑事立法遵循的基本方式，由于生态环境犯罪的危害行为一般具有持续性，其犯罪链条也更加完整，所以环境刑法的法定刑配置一般也更具层次性，体现出轻重有别、罚当其罪的刑事立法目的。比如我国《刑法》第341条对危害珍贵、濒危野生动物罪的规定：非法猎捕、杀害国家重点保护的珍贵、濒危野生动物的，或者非法收购、运输、出售国家重点保护的珍贵、濒危野生动物及其制品的，处5年以下有期徒刑或者拘役，并处罚金；情节严重的，处5年以上10年以下有期徒刑，并处罚金；情节特别严重的，

---

〔1〕 徐永安：《中华人民共和国刑法修正案（十一）解读》，中国法制出版社2021年版，第350~351页。

〔2〕 王勇：《再论环境犯罪的修订：理论演进与趋势前瞻》，载《重庆大学学报（社会科学版）》2021年第5期。

处 10 年以上有期徒刑，并处罚金或者没收财产。本条以犯罪情节的严重程度为线索，设置了按层级加重的法定刑模式。

三、中外生态环境犯罪的法定刑配置之比较

（一）中外生态环境犯罪的法定刑配置的共性

第一，相比本国其他犯罪，中外生态环境犯罪的法定刑都较为轻缓，并且也都依照一定的标准，做到了刑罚的轻重有别、宽严有度。生态环境犯罪多见于发展生产领域，在一国经济快速崛起的时期，国家出于对发展经济和保护生态相权衡的考虑，会对生态环境犯罪的惩治持审慎的态度，担忧过重的刑罚会打压一些行业的生产积极性，所以在一国早期的环境刑事立法中，法定刑的配置往往比较宽缓。另外，生态环境犯罪的行为过程长、危害结果重，尤其对于一些严重的环境犯罪，不仅要惩治结果犯，而且要惩治危险犯甚至行为犯，与此相对应，法定刑的配置上就需要做到层次分明，有轻有重。

第二，中外生态环境犯罪的法定刑配置都有日益严厉的趋向。长期以来对资源环境的过度索取，导致全球生态环境的形势愈发严峻，通过刑罚手段打击污染、破坏环境的行为，加大生态保护的力度，可谓势在必行。如前文所述，从 20 世纪 80 年代开始，很多西方国家都加大了惩治环境犯罪的力度，我国也以 1997 年《刑法》修订为契机，拓宽了刑法介入环境保护的范围，如配置了更严厉的法定刑、单位可以作为环境犯罪的主体等。而且，纵观我国环

境犯罪的四次修订，刑罚也是呈现出从严的趋势。当前全球的环境状况依然堪忧，未来一个时期的环境刑法也必然会保持严厉性。

（二）中外生态环境犯罪的法定刑配置的差异

第一，罚金刑的严厉程度和适用范围不同。就严厉程度而言，有的国家采用限额罚金制，且规定的罚金刑较重，如前述美国《联邦水污染控制法》的规定；而我国采用抽象罚金制，由法官根据案件情节来确定罚金数额，实践中判处的罚金数额往往较小。并且在罚金刑的执行方面，有的国家规定了易科制度，以确保罚金刑的执行，而我国尚无此类规定，仍实行随时追缴制，导致罚金往往难以执行。就适用范围而言，有的国家把罚金刑当作主刑加以适用，因而其单独适用的范围很大，如日本附属环境刑法中规定的每一个犯罪几乎都可以单独判处罚金刑，并且不少国家对一些轻微的环境犯罪仅仅规定了罚金刑一种刑罚方法；[1] 而在我国环境刑法中，多数情况下罚金刑只能附加于主刑适用，其适用范围明显较小。

第二，法定刑的轻重程度及配置依据不同。就轻重程度而言，域外环境刑法的法定刑显然重于我国，对于个别严重的环境犯罪，有的国家规定了无期徒刑甚至死刑；而我国《刑法》第六章第六节规定的犯罪中，最高刑为15年有期徒刑。就配置依据而言，域外环境刑法除了考量危险

---

〔1〕 赵秉志、李山河：《环境犯罪及其立法完善研究——从比较法的角度》，北京师范大学出版社2011年版，第127页。

结果、犯罪情节等，还会考量行为人的主观心态，对故意犯罪和过失犯罪规定不同的法定刑；而我国环境刑法中，尚无依据主观心态进行法定刑分层配置的罪名。

四、我国生态环境犯罪法定刑配置存在的问题

（一）部分犯罪的法定刑配置偏轻

我国环境刑法虽有日益严厉的趋势，但目前来看，法定刑整体上依然比较轻缓。早期环境刑法秉持人类中心主义的价值观，对生态环境的重视程度不足，所以相较于危害性相当的其他犯罪，环境犯罪的法定刑往往偏轻，以当今生态中心主义的立场来看，这显然是不适当的，有违背罪责刑相适应原则之嫌。不足的刑罚不仅不可能实现刑罚的目的，还可能导致刑罚的正义性和权威感的削弱。[1]以争议较多的盗伐林木罪为例，现行刑法已经废除了盗伐林木罪的死刑，体现了刑罚轻缓化的立法思想，也符合严格限制乃至逐步废除死刑的世界发展趋势，从这一点上来说是值得肯定的。但是，与之危害性相当且类型相似的盗窃罪却保留了死刑和无期徒刑，对比之下，可见盗伐林木罪的法定刑偏轻。应该认为，盗伐林木罪不仅侵害了公私财产的所有权，还破坏了林木的生态价值，其危害性理应高于盗窃罪，但法定刑却存在反向差异，导致前后不协调。

面对生态环境犯罪形势依然严峻和刑罚偏轻的现状，

----

〔1〕　郭理蓉：《我国生态犯罪的刑事政策与刑法完善》，载《刑法论丛》2016年第1期。

有观点认为，我国应该在部分产生严重危害后果的环境犯罪上配置无期徒刑。[1]当然，强调惩治环境犯罪的严厉性，不代表对所有的环境犯罪都适用无期徒刑，在突显刑法严惩环境犯罪力度的同时，谨慎对于刑法工具主义、刑法万能主义的沉迷，仍应当冷静地意识到，刑法对环境保护不能过度而应当坚持最后的手段性。[2]

（二）罚金刑体系尚不完善

罚金刑作为我国环境刑法中适用最广泛的刑罚，在所有罪名中都有配置，而且罚金刑也是我国刑法惩治法人犯罪的主要手段。但是，我国目前的罚金刑体系尚不完善，其作用未能得到充分发挥。其一，罚金刑可以单独适用的范围较小。在多数环境犯罪的法定刑配置中，罚金只能作为附加刑适用，即在判处自由刑的同时并处罚金，而不能单处罚金，这就限缩了罚金刑在一些轻罪中发挥作用的空间。其二，罚金刑的数额规定粗略。我国环境刑法采用无限额罚金制，对罚金刑未规定限额，需要法官的自由裁量，不但有违背罪刑法定原则之嫌，而且在实践中也带来了难以操作的困扰，造成罚金刑执行标准不一的司法混乱现象。其三，罚金刑的执行力度不足。对于罚金刑的执行，我国尚未建立罚金易科制度，《刑法》第 52 条只是概括性地规定：罚金在判决指定的期限内一次或者分期缴纳；期满不

---

〔1〕 傅学良：《论环境刑法中的刑罚设置与改革》，载《清华法治论衡》2012 年第 2 期。

〔2〕 牛忠志：《环境犯罪的立法完善——基于刑法理论的革新》，西南政法大学 2013 年博士学位论文，第 42 页。

缴纳的，强制缴纳；对于不能全部缴纳罚金的，人民法院在任何时候发现被执行人有可以执行的财产，应当随时追缴。这种随时追缴制的立法用意虽好，但缺乏配套措施，也没有替代方案，导致罚金刑的执行力度不够，执行效果常常不尽如人意。

第五章

生态环境犯罪的立法前瞻

第一节　污染环境罪危险犯的设置

在《刑法修正案（八）》施行之前，《刑法》第338条规定，污染环境的行为"造成重大环境污染事故，致使公私财产遭受重大损失或者人身伤亡的严重后果的"，构成重大环境污染事故罪。以文义解释为着眼点，立法者在设置此条款时更多甚于纯粹的人类利益保护的角度，将"公私财产遭受重大损害"或者"人身伤亡"作为此罪名适用的要件，单独的污染环境在没有造成所规制的严重后果时并不构成犯罪。"致使"也表明在适用此罪名时要符合法律规制层次的因果关系，此时重大污染环境罪并不是行为犯抑或是危险犯，而是结果犯和实害犯。《刑法修正案（八）》将《刑法》第338条修改为：违反国家规定，排放、倾倒或者处置有放射性的废物、含传染病病原体的废物、有毒物质或者其他有害物质，严重污染环境的，处3年以下有期徒刑或者拘役，并处或者单处罚金；后果特别严重的，处3年以上7年以下有期徒刑，并处罚金。此次修改引发了学界关于污染环境罪的犯罪形态之争。

关于法律规定的污染环境罪究竟是何种犯罪形态，理论界的学者观点莫衷一是。有学者认为污染环境罪是危险犯，[1]是行为犯（抑或者既是行为犯又是准抽象危险犯)。[2]对于污染环境罪犯罪形态的理解要基于其所保护的法益。以人本主义法益观为视角，污染环境罪是通过污染环境的外在表现形式对人类的利益造成威胁，侵害国家对环境资源的管理制度，污染环境所危害的法益是人类利益，如果说只有造成人的生命，健康，财产等受到损害才构成犯罪，此时污染环境罪是结果犯；从非人本主义法益的视角出发，环境资源不依附于人类法益而存在，环境资源是独立的法益，污染环境所危害的法益就是环境本身，此时污染环境罪是行为犯。但是司法解释的规定使刑法理论难以得出单一的结论。2017 年 1 月 1 日生效施行的最高人民法院、最高人民检察院联合发布的《关于办理环境污染刑事案件适用法律若干问题的解释》（以下简称"2017 年《解释》"）是有关环境污染犯罪的第三次专门司法解释，对"严重污染环境"在 2013 年司法解释规定的 14 种具体情形的基础上根据司法实践进一步完善，规定了 17 种具体情形。理论界关于污染环境罪犯罪形态之争，究其根本是 2017 年《解释》对"严重污染环境"所列举的 17 种形态未达成一致。

---

〔1〕　姜文秀：《污染环境罪的抽象危险犯》，载《学术交流》2016 年第 9 期。

〔2〕　陈洪兵：《解释论视野下的污染环境罪》，载《政治与法律》2015 年第 7 期。

该 17 种形态属性各异，呈现着结果犯和行为犯杂糅的倾向。谨慎剖析现行立法，现行法所规定的污染环境是在重大污染环境罪构成结果犯的基础之上进行的修改，在立法脉络上具有一贯性，其适用要件为"严重污染环境的"，其已经表明污染环境罪在进行法律规制时所适用的时态是过去时且已经具备严重污染环境的结果，即在动用刑法进行规制的时候严重污染环境的结果必须已经发生。从条文本身出发污染环境罪适用的前提是在承接重大污染环境罪的实质理念的基础上，其已经表明污染环境罪整体是结果犯。但是从最新司法解释的角度来看，2017 年《解释》对"严重污染环境"列举规定的 17 种具体情形在构成要件属性意义上都属于客观构成要件要素。[1]不同的情形具体可归属于行为要素抑或者是结果要素两种倾向，对于"严重污染环境"的解读，前 8 种情形属于污染环境行为的构成要素，此时污染环境罪具备行为犯性质，但是这 8 种情形虽整体属于行为构成要素的解释范畴之内，但是也涉及了污染环境严重程度抑或者是纯粹的违反法律义务；而后 9 种情形则是直接表述了污染环境所带来的各种后果，属于污染环境的结果构成要素，此时污染环境罪具备结果犯的性质，具体而言涉及危害环境本身的结果以及因危害环境致使人

---

〔1〕 刘艳红：《环境犯罪刑事治理早期化之反对》，载《政治与法律》2015 年第 7 期。

的权益受损的结果两个层次。[1]因此现行立法与相关司法解释使污染环境罪呈现出结果犯与行为犯杂糅的趋势。这种犯罪形态的混合倾向也使得污染环境罪的定罪量刑处于行为犯和结果犯两个极端，与此同时也出现了相同法益保护目的倾向之下存在的矛盾，即污染环境罪结果犯意味着对于环境没有前置性的保护，当污染环境的损害结果已经发生的时候刑法才介入，具有一定的滞后性；而 8 种行为构成要素的存在则表明实施了污染环境的行为即触犯刑法，存在打击范围过大，滥用刑罚的嫌疑，有违刑法的谦抑性原则。[2]在传统的刑事理论观念之上，行为犯与结果犯作为两种对立的犯罪形态在逻辑上是无法共存的，污染环境罪这一法条不可能同时包括行为犯与结果犯两种形态。[3]这一观点未免失之偏颇。首先，生态环境具有复杂性，一种污染环境行为对于环境的不同构成部分所导致的危害程度是不同的，比如非法倾倒有毒物质在土壤之上是一种行为，则是一种行为犯，与此同时出现了局部性动植物死亡的现象，对于此处动植物的死亡是否与倾倒有毒物质有关则需要进行行为与结果因果关系的归属判断，如果证明动植物的死

---

〔1〕 李川：《二元集合法益与累积犯形态研究——法定犯与自然犯混同情形下对污染环境罪"严重污染环境"的解释》，载《政治与法律》2017 年第 10 期。

〔2〕 焦艳鹏：《实体法与程序法双重约束下的污染环境罪司法证明——以 2013 年第 15 号司法解释的司法实践为切入》，载《政治与法律》2015 年第 7 期。

〔3〕 张志钢：《摆荡于激进与保守之间：论扩张中的污染环境罪的困境及其出路》，载《政治与法律》2016 年第 8 期。

亡与此次非法倾倒有毒物质行为有关，那么对于动植物的死亡则是结果犯。其次，对于不同的法益而言，可能出现纯粹的实施污染环境行为抑或是实施污染环境行为与损害人体健康的双重结构。因此，环境犯罪保护法益的特殊性，完全可能在同一刑法条款之中出现行为犯与结果犯并存的情形。[1]

在我国现行环境犯罪刑事司法解释中，行为犯与结果犯的双重架构仍具有一定的缺憾，设置污染环境罪危险犯具有必要性与可行性。

首先，从现行法律规制而言，行为犯的适用使刑事保护的介入具有先在性，虽然符合生态环境早期化治理的理念，但是降低了污染环境罪的入罪门槛，使刑事司法的打击范围过于宽泛；结果犯的适用使刑事保护介入在时间上具有滞后性，环境污染往往是一个长期积累的过程，在特定的时间周期内造成环境污染的源头与因素不止一个，这使得环境污染由于时间的蔓延性而难以认定危害行为和危害结果之间的因果关系；当污染环境的损害结果已经出现且被察觉时，往往已经造成了严重的后果，这种溯及既往的补救性惩罚机制与环境法益保护的迫切需求并不相符，且污染后果的治理是涉及化学与生物等多学科复杂工程，这种后果的修复需要长期的时间投入与金钱成本，还面临着环境景观价值与生态价值缺失的沉默成本。

---

[1] 张明楷：《污染环境罪的争议问题》，载《法学评论》2018 年第 2 期。

其次，污染环境罪设置危险犯是完善目前刑法条文结构的重要举措，目前行为犯与结果犯并存的倾向使污染环境罪的定罪严重程度处于断层的状态，不符合时间推进与严重性逐步递进的逻辑层次，从设置最低限度的行为犯到危险犯，再到结果犯，避免了司法适用为遵循谦抑性原则而大比重地适用危险犯，从而破除污染环境罪定罪量刑处于两个极端的现状。

最后，从人权保障的视角来看，司法提前介入能够有效阻止犯罪行为的进一步推进、污染环境后果的进一步恶化，这不仅符合刑法的谦抑性原则，有效避免部分犯罪人继续实施更为严重的环境污染行为而受到更深层次的责难，承担更严酷的刑罚，契合刑法打击犯罪与预防犯罪的同时兼顾促使犯罪人改过自新，重归社会的理念，也凸显了刑法对于人权的尊重与保障。为契合国家"五位一体"的战略总布局，落实我国环境保护"预防为主"的治理政策，实现生态环境的有效保护，回应人民美好生活环境的需求，实现人类社会的可持续性发展，在这种行为犯与结果犯罪形态混合的倾向之下，污染环境罪危险犯的设置显得尤为必要。

关于污染环境罪危险犯的设置是一种具体危险犯抑或是抽象危险犯，这一点依旧存在争议。发生法益侵害的危险即可成立犯罪则是危险犯，危险犯包括未遂犯。由于危险犯的构成以对"法益造成侵害的危险"为要件，所以对于危险犯的界定要以所保护的法益为基础。

环境犯罪保护的法益是以生态学背景下人类中心法益

为视角，从代际关系犯角度出发，一种观点认为污染环境罪的危险犯是一种抽象的危险犯，而非是具体的危险犯，因为污染环境对人类法益的侵害针对的并不是特定的个体，而是不特定多数人的人身，财产权益，环境关乎当代人与后代人的权利，相对于后代人而言，要求环境犯罪发生具体危险对于后代人而言在逻辑上是行不通的。同时环境保护具有紧迫性，要求环境犯罪发生具体危险反而不利于生态环境的保护。

在环境刑法相对较为发达的国家，有学者指出，刑事概念范畴内具有约束力的法益概念，其产生的基础与根源是法治国家的任务，这种任务是宪法中载明的且建立在个人自由基础上。[1]随着刑事立法的不断增加，抽象、普遍的法益无法避免，但是在适用时应将其还原为具体、个别的法益进行刑法保护，那些无法限定为具体、个别的法益则无法作为刑法上的法益进行保护。[2]这就表明传统意义上的法益只能是人类自身的法益，不具有非人类性。但是从现行刑事立法可以知悉传统法益的内涵解释难以契合社会发展的需求，而生态学背景下人类法益中心论便是遵循了这种传统的法益内涵解释路径。

除了从人类代际利益视角进行污染环境罪抽象危险犯的解读以外，污染环境罪应设置抽象危险犯的原因还在于现行污染环境罪作为侵害犯，存在犯罪者主观心态难以认

---

〔1〕 ［德］克劳斯·罗克辛：《德国刑法学总论》（第1卷），王世洲译，法律出版社2005年版，第14~15页。

〔2〕 黎宏：《日本刑法精义》，法律出版社2008年版，第27页。

定，以及因果关系归因困难的困境。认定为抽象危险犯，有行为即可推定有抽象危险，行为的抽象危险是难以证明的，但是行为的证明相对容易得多，且严重污染环境的抽象危险的故意可以通过认定相对容易的行为故意进行推定，且抽象危险犯契合风险社会法益保护前置需求。污染环境罪主要是针对环境法益的具体危险犯和人类法益的具体危险犯则是另外一种观点。[1]本书赞同污染环境罪的危险犯主要是针对环境法益的具体危险犯和人类法益的具体危险犯。具体危险是指以发生法益侵害的现实危险为要件的犯罪，抽象危险是指存在一般侵害法益的危险为要件的犯罪。前者需要进行司法上的认定，后者无需进行司法上的认定但依赖于一般的社会经验。[2]抽象危险犯的入罪门槛远低于具体危险犯，将其设置在打击危害公共安全领域的犯罪之中，比如危险驾驶罪即为抽象危险犯。但是相较于这类公共危害性案件而言，污染环境的行为往往伴随着经济效益的产生，过度利用抽象危险犯进行规制不利于经济的发展。当今刑法层面抑或是行政法层面皆加大了对于污染环境的打击力度，各方努力推进生产经营绿色化，个人抑或是企业的生产经营行为不再是置环境于不顾，抽象危险犯对于现行生产经营状况过于严苛。

危险犯又可以分为故意危险犯和过失危险犯，故意危险犯属于刑事法律打击的范畴之内，在此不再一一赘述。

---

〔1〕 李梁：《中德两国污染环境罪危险犯立法比较研究》，载《法商研究》2016 年第 3 期。

〔2〕 张明楷：《刑法学》，法律出版社 2011 年版，第 167 页。

重要的是探讨在污染环境罪中过失危险犯是否成立。我国刑法要求过失犯罪受到刑事处罚的前提是存在实害的结果，过失只存在于结果犯之中。但是有学者认为过失危险犯本身就存在"危险结果"，所以过失危险犯属于结果犯的范畴，即将结果犯划分为了危险结果和实害结果两个层面。[1]污染环境作为生产经营的衍生性行为，企业的主观动机是故意还是过失是难以判断的，若是不规定污染环境罪的过失危险犯，在难以判断主观要件的情况之下，按照疑罪从无的处理原则，会使污染环境罪故意危险犯沦为僵尸条款，故意与过失都应该属于污染环境罪的主观状态。[2]但是有学者对污染环境罪是过失危险犯进行了驳斥，认为从刑法分则条文整体进行解读，过失犯罪关于"造成事故的"物理性后果的表述，表明实害后果才是过失成立的前提，同时将污染环境罪设定为过失危险犯，从入罪的视角来看，存在逻辑上的困境。[3]且间接故意需要有现实危害结果的发生，而间接故意的社会危害性大于过失危险行为，那么过失危险无实害结果在层次递进逻辑上是矛盾的。在现行环境犯罪刑事立法体系与过失犯罪要求实害结果的理论之下，污染环境罪过失危险犯的成立会冲击现有的立法体系，造成其他法律条款解读的困境，与此同时过失污染环境可以

---

〔1〕 刘仁文：《过失危险犯研究》，中国政法大学出版1998年版，第42页。

〔2〕 曾粤兴、周兆进：《污染环境罪危险犯研究》，载《中国人民公安大学学报（社会科学版）》2015年第2期。

〔3〕 马卫军：《过失危险犯之否定——以风险社会、风险刑法和污染环境罪为例》，载《贵州警官职业学院学报》2019年第1期。

根据所造成后果的不同情形适用刑法分则的其他罪名进行规制。

设置污染环境罪的危险犯是立法权行使的体现，应该由立法机关进行相关条款的明确，司法解释的适用在某种程度上并不利于社会司法适用的统一，在立法层面明确污染环境罪危险犯的形态契合人类与环境多维度法益保护的需求。同时，在我国刑事立法体系之中存在危险犯的先例，增设污染环境罪危险犯并不会突破原有的体系而是与原有刑事立法的理念相互契合。在进行立法条款明确时要充分借鉴域外法经验，比如德国环境刑法将9个环境犯罪都设置为同时包括对人与环境的危险，同时将未遂归于犯罪处罚的范畴，在污染环境犯罪方面的规定比我国更为复杂。在立法规制时突破国家、社会、个人三元法益结构，向国家、社会、个人、环境的四元法益结构迈进。要以环境法为主体，构建刑法、民法、行政法为统筹的全方位保护体系。

第二节　污染环境罪的立法完善

新中国成立后的第一部刑法即1979年《刑法》，并未对环境污染行为进行规制。由于生产力落后，人与自然之间的矛盾并不突出，环境保护意识并未觉醒。基于新中国成立之初农业发展的重要性，人们对于自然环境的破坏主要体现在物理性质的破坏之上而非是环境污染。环境污染是伴随着生产方式的变革与工业迅猛发展所产生的。随着工业不断发展，污染环境的案件频频出现，为实现刑法对于环境犯罪的有效规制，1997年《刑法》设置了重大污染环境事故罪，但是重大污染环境事故罪的犯罪形态是结果犯，即要求发生实际的损害结果才构成犯罪，注重事后惩治，要求造成公私财产的重大损失或者是人身伤亡的严重后果，并将其局限在土地、水体、大气。从"事故"二字可知其主观形态为过失，此罪名的设立虽然在一定程度上实现了对重大污染环境犯罪的打击，但是依旧充斥着人类中心主义的色彩，经济的发展依旧以环境的牺牲为代价，并没有在法律层面得到规制。污染环境罪是由1997年《刑法》增设的重大污染环境事故罪修改而来的，2011年《刑法修正案（八）》将"重大环境污染事故罪"更名为"污染环境罪"，并重构了其构成要件，具体体现在，删除了"向土地、水体、大气"排放、倾倒或者处置污染物的空间限定，这意味着污染环境罪所保护的对象不再局限于土地、水体、大气，其保护范围得到了扩展；以"其他有害物质"取代原有的"其他危险废物"，使得造成污染的物质形态的范围得到了扩展；由"造成重大环境污染事故，致使公私财产遭受重大损失或者人身伤亡的严重后果"改变为"严重污染环境的"。2020年《刑法修正案（十一）》对污染环境罪的自由刑进行了完善，原污染环境罪的法定最高刑档为7年有期徒刑，此次修正案将其提高到7年以上有期徒刑。具体表现为：出现"（一）在饮用水水源保护区、自然保护地核心保护区等依法确定的重点保护区域排放、倾倒、处置有放射性的废物、含传染病病原体的废物、有毒物质，情节特别严重的；（二）向国家确定的重要江河、湖泊水域排放、倾倒、处置有放射性的废物、含传染病病原体的废物、有毒物质，情节特别严重的；（三）致使大量永久基本农田基本功能丧失或者遭受永久性破坏的；（四）致使多人重伤、严重疾病，或者致人严重残疾、死亡的"四种情形之一的，处7年以上有期徒刑，并处罚金。在《刑法修正案（十一）》之前，污染环境罪的法定最高刑档仅为"3年以上7年以下有期徒刑，并处罚金"；《刑法修正案（十一）》将污染环境罪"3年以上7年以下，并处罚金"的认定标准由"后果特别严重"变更为"情节严重"。现行污染环境罪经过《刑法修正案（八）》《刑法修正案（十一）》两次修正已取得一定的成效，但生态环境问题复杂多变，污染环境罪自身也存在争议之处，比如其主观形态不明确，刑法配置存在偏差，相关词汇法律内涵难以契合社会发展需求等适用困境。为实现环境刑法对于环境犯罪的有效规制，贯彻刑事法律的明确性原则，契合司法适用的需求，污染环境罪应进行进一步完善以契合社会发展需求，具体包括以下几个方面。

　　一是主观罪过形态不明确，需将污染环境罪的主观罪过明确为故意。自《刑法修正案（十一）》出台以后，污染环境罪的主观罪过形态是理论界争议的焦点之一，存在严格责任说、故意说、过失说、混合说等学说。严格责任说普遍适用于英美法系国家的环境犯罪领域，其可以分为实体责任和程序责任两个维度，严格责任是在刑法禁止性规定的前提下，行为人实施了这种被明文规定的禁止性行为，不考虑其主观罪过形式，皆认定为犯罪。目前国内不少学者倡导在我国污染环境罪中引入严格责任，其能够有效规避污染环境罪主观认定的困难，以及行为与后果归因不容易的困境。但是这种学说不考虑行为人的主观态度，使得刑法适用容易出现"一刀切"的嫌疑，同时会引发其他领域的立法危机，对现有刑法构架造成冲击。故意说将污染环境罪的主观罪过形态定性为故意，主观罪过证明的难度没有被增加，契合环境法益的保护。[1]采取故意说能够实现最精准直接打击污染环境犯罪，把不应有的处罚空隙最小化。持有过失说的学者认为污染环境罪所配置的刑罚法定最高刑为 7 年，符合过失犯罪的刑罚配置。[2]污染环境罪延续了重大污染环境事故罪的量刑标准，从文义解释的视角来看，立法者通过模糊性的主观要件将污染环境罪的主观状态扩大到"过失"范畴，以实现刑法规制的目的。但是有学者认为《刑法修正案（十一）》将污染环境罪的法定最高刑提升到 7 年以上，使污染环境罪主观罪过存在过失的情形不攻自破。[3]故意与过失混合说认为污染环境罪的主观罪过形态既有故意，也有过失，其符合刑事

---

〔1〕 侯艳芳：《环境资源犯罪常规性治理研究》，北京大学出版社 2017年版，第 134 页。

〔2〕 冯惠敏：《污染环境罪的构成要件与犯罪形态》，载冯军、敦宁主编：《环境犯罪刑事治理机制》，法律出版社 2018 年版，第 94 页。

〔3〕 袁龙明越、姚贝：《污染环境罪之立法变迁与完善》，载《环境保护》2021 年第 20 期。

理论,也契合司法的实际需求。[1]混合罪过说的致命缺陷在于违反了定罪上严格区分故意与过失这一责任主义的基本要求。[2]本书认为将污染环境罪的主观罪过形态设置为故意最为合理。首先,从生态环境被污染到污染被察觉再到刑法的规制是一个漫长的过程,对于同一个污染结果存在共同污染的情况,但是在我国刑法适用之中并不存在共同过失,污染环境领域的共同过失行为在刑罚领域如何规制将会对此罪名的适用造成再次的困境。其次,刑事立法要求明确性,在目前的刑法条文中并没有明确污染环境罪的主观罪过是过失,通过对条款的解读偏离了立法的本意,有违刑事立法明确性要求。但是在司法实践中,污染环境罪过失犯罪依旧被处以刑事责任,在"李某辉协助不知名物质倾倒案""林某某污染环境案"中律师以被告人不存在污染环境罪的主观故意进行无罪辩护并不被采纳,"林某某作为公司排水的实施人员是直接责任人员,按照常规采取沉淀后排放的方式且均通过环评和相关环保检查,被告人完全有理由相信只需通过沉淀即可排放,不会对环境造成污染"。因此被告人被科以刑事责任。所以,明确污染环境罪的主观罪过为故意,为司法适用提供明确性尺度,不仅是保护生态环境法益与人类法益的要求,同时也是纠正司法适用偏差,维护被告人权益的迫切需求。

---

〔1〕 汪维才:《再论污染环境罪的主客观要件》,载《法学杂志》2020年第9期。

〔2〕 李梁:《污染环境罪的罪过形式:从择一到二元》,载《甘肃社会科学》2021年第1期。

二是污染环境罪刑罚配置不当，要构建多体系处罚方式，渗透恢复性司法的理念。首先，污染环境罪的处罚方式目前只有自由刑和罚金两种，刑罚方式单一，未形成满足生态环境与人类法益保护的合理架构。污染环境罪的立法本意在于保护生态环境，打击环境污染行为，减少环境污染带给人的生命健康、财产的损害。一旦环境遭受破坏，修复周期长且复杂，当犯罪主体是自然人适用自由刑时受制于自由刑罚的约束，被污染的环境在修复时将会面临犯罪主体缺位的局面，相关的责任将会由行政机关等部门承担，这种犯罪人缺位的修复方式致使犯罪人无法投入环境修复的过程中，不利于犯罪人通过实际行动改过自新，同时更不利于生态环境的持续性修复。与此同时，当犯罪主体只有纯粹的单位时，只能适用罚金进行处罚。当代社会污染环境与企业生产经营关系紧密且伴随着经济效益的产生，当罚金数量不足以形成对企业的威慑，罚金与污染环境所带来的经济效益存在可逐利空间时，企业则会存在冒着刑事风险再犯罪的可能性。

其次，污染环境罪罚金数额规定不明确，需要细化罚金的适用。多数情况下经济利益是环境犯罪首要的驱动力，对污染环境罪的犯罪主体适用罚金刑存在理论与现实的合理性。罚金是依托国家强制力要求犯罪主体因实施犯罪所付出的金钱成本，犯罪主体负担这种金钱成本与其犯罪所带来的负面影响呈现正相关，必须符合罪责刑相一致的原则。适用罚金对遏制犯罪动机、预防犯罪具有良好的作用。我国规定的罚金刑是一种附加刑，具体到污染环境罪罪名之下，法官可以自由裁量案件单处或者并处罚金。污染环境罪对于罚金的规定并不明晰，没有规定在什么情况下适用的具体罚金数额，在立法层次上没有统一的规制，在地方也未形成一套统一的适用标准。由此导致在实际的司法适用中罚金数额的跨度区间大，在千元与百万元的额度之间波动，其适用具有一定的随意性，同时也致使不同区域存在相同案件但是适用罚金数额不一致的情况，抑或是出现后果轻微的案件适用的罚金数额高于后果严重的案件的情形。除此之外，罚金数额的非确定化使法官拥有较大的自由裁量权，便为腐败的滋生提供了缝隙。这不仅违反了罪刑法定原则，也有损社会公平正义和法律的权威。

最后，现有的污染环境罪的刑罚设置无法契合生态环境保护与可持续性发展的理念。无论是自由刑抑或是罚金刑，被污染的环境如何进行修复？修复的周期是多久？修复到何种程度？是否能够完全恢复？这些问题当犯罪主体自由刑与罚金执行完毕之后不再参与其中。目前主流传统刑罚理论渗透着报应观念，刑法是代表国家公权力机关对于犯罪人实施打击，注重通过对于犯罪人的惩戒实现犯罪人自身改造的目的，同时以惩戒的威慑作用实现一般预防和特殊预防的目的。其过度关注犯罪人本身而忽视了被犯罪行为损害的被害人，特别是在污染环境犯罪领域，传统刑罚的运用注重对犯罪主体的惩戒，至于这种惩戒能否消解犯罪行为对环境的损害则具有不确定性。为长久保障生态环境法益与人类法益，在污染环境罪的刑罚种类中设置渗透恢复性司法理念的刑罚契合环境犯罪的特殊性需求。

因此，要在现有自由刑与罚金刑的基础之上，增设契合环境保护的刑罚种类，增加刑罚辅助性措施并明确其地位；污染环境罪的背后动因是人性与利益的博弈，罚金刑的适用需要综合考量犯罪动机，犯罪后果，主观悔罪态度，生态环境被修复的程度等因素，将罚金数额细化适用，但是基于生态环境的严峻性，罚金适用的力度应该是越发强劲，当罚金与污染环境所带来的经济利益之间不存在可期待利益时，罚金的作用得以有效发挥；同时需要借鉴恢复性司法的前置性程序，在犯罪主体适用自由刑与罚金之前需要让其先参与到被污染环境的修复过程之中，参与到被损害个体的救济之中。由此构建满足生态环境法益与人类法益相契合的刑罚体系。

三是现有"有害物质"内涵狭隘，需要赋予"有害物质"新内涵。"有放射性的废物""含传染病病原体的废物""有毒物质"和"其他有害物质"是《刑法》第338条所明确的三种确定性物质与一种非确定性物质，"其他有害物质"为污染环境罪内涵的阐释留下了解读的空间。纵观域外环境刑法较为发达的国家，德国刑法将光污染和噪声污染纳入到了环境犯罪的范畴，其罪名为制造噪声、震动和非等离子辐射罪，并对噪声危险犯处罚。日本是环境刑法与专门性环境立法并重，按照空气，水质，噪声等分门别类进行规定。我国污染环境罪并没有将光污染，噪声污染纳入到刑法处罚的范畴，光污染与噪声污染等新生的环境污染种类，法律规制呈现出空白状态。但是随着工业技术的革新，环境污染不再局限于传统意义上的污染源，光污染抑或是噪声污染没有对传统意义上的生态环境造成不可扭转的损害，但是在一定程度上光与噪声以环境为传播空间，降低了人类生存环境的质量。由此有必要将有害物质的范畴扩展到"超过国家标准抑或是行业标准，影响特定区域居民生活质量，身体健康的光源与声音"，借鉴域外法，将此类污染纳入到刑法规制的领域，在法律层面得以明确，为司法适用提供统一的依据。

除了明确污染环境罪的主观罪过形态为故意，将光污染以及噪声污染等纳入到污染环境罪的规制范畴内，优化污染环境罪的刑罚配置体系，细化罚金的适用以及引入恢复性司法理念进行犯罪主体的改造之外，还需要完善现有司法解释的体系。现行《刑法修正案（十一）》所配套的司法解释在文义表述方面的措施已经明显滞后于修正案的内容，比如污染环境罪第二档法定刑处罚标准，已由"后果特别严重"变更为"情节严重"，但现行司法解释第 3 条仍保留可适用于本罪的"后果特别严重"情形认定。这种法律条文与司法解释表述容易造成司法适用过程中的混乱，也并不利于污染环境罪在社会大众领域的宣传。污染环境罪的立法完善任重道远，环境始终与人类休戚与共，人类社会的无限性决定了污染环境罪立法变革与内涵阐释的长久性与更迭性，社会存在的不断丰富化致使污染环境罪内涵的阐释要紧跟社会发展的步伐，契合社会发展的需求。

第三节　我国环境犯罪的立法评析与展望

伴随着经济转型与发展模式的转变，以传统视角对待环境犯罪已经难以满足日益增长的优质环境需求，环境污染和生态环境破坏所引发的社会矛盾也日益显露。以刑事法律规制环境犯罪和解决环境纠纷，实现刑事法律在环境污染方面的有效预防，是构建绿色中国与人类可持续发展社会的重要举措。但是目前我国的环境犯罪立法依旧存在不足，这就要求在新的发展态势之下需要重塑环境犯罪的立法理念。

一、传统环境犯罪立法理念阐释与评析

在环境伦理学中，以是否承认非人类物质的内在价值为界限，将环境伦理观大致可分为人类中心主义和生态本位主义。[1]最初意义的环境犯罪刑法便是在人类中心主义指导之下所形成的，环境犯罪立法理念便是环境伦理观在法律层次的体现，环境犯罪立法理念可分为人类中心主义与生态本位主义。人类中心主义发源于人与自然斗争的过程之中，强调人类利益高于一切，保护环境只是实现人类利益保护的一种措施，根本目的是保护人类利益。伴随着工业的革新，人类对于自然环境的控制与调控的能力愈发强劲，以至于在人与自然的关系之中形成了"人类中心"

---

〔1〕　赵星：《论环境刑法的环境观》，载《法学论坛》2011年第5期。

"人类本位"的理念。人类中心主义亦是对于世界的观点与看法，基于价值概念由人所创造的视角，人在所有可创造的物质中处于中心地位，价值的产生以人的存在为源泉。从哲学视角出发，人类中心主义是一种哲学观念，这种伦理原则只适用于人类，人的需求和利益处于最高位，人类对于其他世界构成的关怀仅限于对自己有价值的部分。[1] 人类中心主义忽视了环境是客观存在的，这种立法理念与当前环境刑事立法目的相悖，具有浓厚的功利主义色彩，是一种自我独尊的狭隘意识。其诞生于人类对于自然环境的疯狂掠夺的背景之下，忽视生态环境对于社会发展的重要性，对于缺乏实际损害结果的违法行为而未及时惩罚，难以有效实现刑法对于犯罪分子预防再犯罪的功能，也难以实现对于社会潜在环境犯罪分子的震慑。

生态本位主义是在人类中心主义的基础上产生的，强调生态环境是一种独立的客观存在，人是自然的构成部分，环境犯罪立法在于保护生态环境本身，自然环境应该被作为纯粹的保护客体，主张人与自然的平等相处。其将环境作为独立的法益纳入到了刑事法律的保护范畴中，弥补了人类中心主义对于自然环境的忽视，赋予自然环境独立的价值地位，增强了刑事立法对于自然环境的保护力度，同时在预防犯罪方面有着更为有效的震慑作用。人类中心主义和生态环境本位的理念对于环境犯罪立法的影响在于在

─────────

〔1〕余谋昌、王耀先：《环境伦理学》，高等教育出版社 2004 年版，第 48 页。

环境犯罪立法时是否进行早期化的治理。

二、我国环境犯罪立法理念的变革与突破方向

环境犯罪的立法理念以有形的文字载体呈现，环境犯罪立法条文的更迭是环境犯罪立法理念变革的表现形式。我国环境犯罪立法大致可为三个阶段：第一阶段为我国的1979 年《刑法》。1979 年《刑法》作为新中国的第一部刑法，其关于环境犯罪的规制并不是以专章专节的形式进行专门性规定，而是以一种零碎内容的形式，呈现在相关的章节和条款中，在实际的司法适用之中也未得到真正的贯彻落实。[1]1979 年《刑法》在环境犯罪方面仅有 3 个罪名，非法捕捞水产品罪，非法狩猎罪以及盗伐、滥伐林木罪。此时注重最基本的自然生态环境破坏，这与我国当时依赖于农业发展的经济状况相契合。污染环境的现象虽然存在但是迫于国家经济发展的需求尚未被有效上升到刑法层面进行规制，此时，破坏生态环境犯罪规定在"破坏社会主义经济秩序罪"一章之中，这足以说明环境犯罪惩罚的根本目的不在于环境法益本身而在于经济秩序的维护和经济建设，遵循即基于人类利益出发的人本中心主义。

第二阶段是 1997 年《刑法》，其对 1979 年《刑法》进行了全面的修订，突破了 1979 年《刑法》环境犯罪规制的形式，摒弃了零星规制的方式而采用专节的方式进行呈现。

---

[1] 贺泉江：《刑法中环境犯罪规定的缺陷分析》，载《西北大学学报（哲学社会科学版）》2005 年第 6 期。

1997年《刑法》第六章是关于妨害社会管理秩序的犯罪，在这一章中将9个条文与14个罪名归纳在"破坏环境资源保护罪"一节中，以专节的形式对环境犯罪进行规制，涉及环境污染规制，野生动物保护以及自然资源保护等相关内容。随着工业化进程的推进，环境问题不再局限于最基本的物理性生态环境破坏，而是向环境污染的领域延伸，同时所侵害的客体也由生态环境扩展到了参与社会活动的人的权益，其危及个人的生存空间与生命健康权益。1997年《刑法》将1979年《刑法》原有环境犯罪罪名纳入，并新增重大环境污染事故罪，将其单独设立一节并规制在妨害社会管理秩序罪一章之中，由此可见，环境犯罪的规制位置发生了变化，也意味着法益保护的重心发生了变化，更倾向于保护国家环境制度、环境法益。立法重心的转变也意味着国家对于环境犯罪行为的规制由宽松到严苛，同时也由事后的惩戒性理念向预防性理念转变，从人类法益到逐渐注重环境法益本身过渡。

第三阶段则是对1997年《刑法》以刑法修正案的方式进行修订，环境犯罪则经由《刑法修正案（二）》《刑法修正案（四）》《刑法修正案（八）》以及《刑法修正案（十一）》进行完善。统观四次修正案，其典型特点主要体现在：保护对象范围的扩大，比如《刑法修正案（二）》中将"非法占用耕地罪"改为"非法占用农用地罪"，《刑法修正案（四）》增加了对走私液态废物和气态废物的行为规定；行为空间扩大化，并删除了第338条"排放、倾倒或者处置"行为方式前面的"土地、水体、大气"等空间上的限制，在构成犯罪层面取消了盗伐、滥伐林木行为的区域限定、主观目的的限制，并增加了明知是盗伐、滥伐林木而"运输"的行为；降低了入罪的门槛，加大了打击力度，比如《刑法修正案（八）》将重大环境污染事故罪完善为污染环境罪，并降低了非法采矿罪的入罪门槛，2020 年《刑法修正案（十一）》将污染环境罪的法定最高刑档提高到 7 年以上有期徒刑。此时对环境犯罪行为的打击力度越来越大，环境犯罪法网也更加严密。对于环境犯罪的规制除了刑法典以外，还包括附属环境刑法，比如统筹性的《环境保护法》，致力于海洋环境保护的《海洋环境保护法》、致力于水污染治理的《水污染防治法》、致力于野生动物与自然资源保护的《野生动物保护法》《森林法》《矿产资源法》等法律中的刑事条款。

纵览 1979 年至今的环境犯罪立法，我们不难发现，环境犯罪被关注度不断提高，并伴随着社会的需求，通过修正案的方式进行完善，以为环境犯罪对规制提供契合现实需要的法律规范，环境犯罪立法理念也由人类中心主义向注重保护自然环境倾斜，由事后惩治逐步向事前的防御过渡，渗透着可持续发展的理念。但是人类中心主义立法理念与生态环境本位立法理念的冲突之处依旧存在，即经济发展与生态环境保护的冲突。人类中心主义立法理念抑或是生态本位环境犯罪立法理念的纯粹运用都是难以平衡人类权益与生态环境保护的双重诉求。人类并不是大自然的主宰，自然环境关系着人类的命运，应在不损害人类利益与自然环境保护的前提之下，将生态环境犯罪作为独立的客观存在进行刑法规制。当前经济发展方式转型，产业结构不断升级优化，不再以牺牲环境为代价追求高速的经济发展，这为生态环境保护提供了契机。为了真正发挥环境犯罪立法对保护生态的作用，实现对环境犯罪的有效打击，这就要求我们必须在可持续发展理念与绿水青山理念的指导之下，建立一个新的、能够更好地为环境犯罪立法提供指导的理念。这就要求我们立足于"五位一体"总体布局，采用以"平衡"为基础的立法理念，"平衡"即人类利益保护与自然环境保护的平衡，在平衡的中界点，双方不得越界相互减损。在致力于保护整个自然生态系统的同时，在环境犯罪立法过程中渗透延续性理念，即当代人不能减损后代人的环境质量，从而实现环境的代际公平，实现当代人与后代人的平衡。将人类中心主义与生态本位主义糅合而形成一种新的复合式观念，即坚持保护人类法益的传统的刑事理念的打击损害人类利益的犯罪行为的同时，结合环境犯罪的严峻形势纳入早期化环境治理理念，兼顾自然环境保护。

三、我国环境犯罪刑事立法模式评析与发展方向

环境犯罪的立法体例和刑法典关于环境犯罪的立法方式是环境犯罪立法主要涉及的两个维度。立法体例是指以何种形式呈现，即是以刑法典或是单行刑法，还是以附属刑法的方式呈现；刑法典关于犯罪的立法方式主要是指环境犯罪是否以专门章节的形式进行规制。从立法体例的角度来看，现阶段中国环境刑事立法采取的是以刑法典为主、附属刑法为辅的复合立法模式，亦即除了《刑法》较为系

统的相关规定外，还包括 20 多部环保法律中涉及的刑事责任条款。[1]附属刑法以适用时是否以刑法典为定罪量刑的具体依据可分为"依附型附属刑法"和"独立型附属刑法"。依附型附属刑法是指具体的定罪量刑的适用依附于刑法典规定的具体罪状和法定刑本身，在非刑事法律规范中却没有进行详细的罪状和法定刑规定，是一种高度概括性的原则性指引。"独立型附属刑法"是指具体的定罪量刑的适用不依附于刑法典规定的罪状与法定刑内容，而是可以依据非刑事法律规范进行定罪量刑。[2]现有的环境刑法之附属刑法规范是一种以刑法典为定罪量刑依据的高度概括的指引规范，即采用"依附型附属刑法"的立法模式。这种立法体例有一定的弊病：第一，就保护的客体而言，不能体现对生态环境本身的重视，这使环境犯罪在刑法中处于尴尬的地位，也不利于打击环境违法犯罪行为，对潜在犯罪分子形成强劲的威慑力，同时，现行环境犯罪依旧是以打击结果犯为主要对象，危险犯和行为犯的设置尚未形成严密的刑事法网，并不利于生态环境的保护。现行立法模式的弊端也体现在生态环境伴随着社会的发展处于动态不可控的变化之中，那么基于生态环境保护的需求频繁地修改刑法典并不现实，会破坏刑法典的严谨性，刑法典修改要与刑事诉讼法同步修改，以避免条款适用的混乱。第

---

[1] 赵秉志、陈璐：《当代中国环境犯罪刑法立法及其完善研究》，载《现代法学》2011 年第 6 期。

[2] 程红、牙韩选：《环境犯罪"独立型附属刑法"立法模式之合理证成》，载《广西民族大学学报（哲学社会科学版）》2020 年第 2 期。

二，依附型附属刑法由于其非独立性，只是法律条文篇幅的增加，以至于附属刑法通常沦落到虚无的境地，并未起到实质的规制作用。

从刑法典关于环境犯罪立法方式的角度来看，中国现行《刑法》以专节的形式对环境犯罪作较为集中规定，同时与环境犯罪相关的法律规定散见于《刑法》分则第二章、第三章、第九章和第六章第六节之外的其他章节中。环境犯罪被归纳在妨害社会管理秩序罪一章之中，其并没有以环境法益作为独立基础进行专章的规定，这种章节设置的立法方式难以彰显生态环境作为人类社会可持续性发展基础的重要地位，同时也释放出了对生态环境法益只是进行附带性规制的信号，在法治观念传递层面不利于社会公众形成敬畏环境、保护环境的意识，削弱了环境法益的重要程度。除此之外，在实际的司法适用之中，环境犯罪的罪名无法按照"生态环境法益"这一独立的客体进行查找翻阅，从而容易造成罪名适用的混乱，阻碍司法工作人员高效率办案。"环境"和"资源"是两个完全不同的概念，在环境犯罪中污染环境犯罪和破坏自然资源犯罪是两种不同属性的犯罪，无论是行为方式，抑或是造成的后果都有显著性的差异，但是我国并没有将其进行分类而是统一规定于第六章第六节破坏环境资源保护罪及其他章节中。在环境犯罪规制分散的情况下，环境犯罪独立成章的呼声高持不下，将散见于《刑法》分则的关于环境犯罪的罪名以及集中规制在《刑法》分则第六章第六节环境犯罪罪名统一纳入一个独立的章内，以"侵害环境罪"命名，位置置于第五章之后与第六章之前，以此彰显环境犯罪的危害性与环境法益的独立性。

不可否认，生态环境对于当代人乃至后代人的发展都具有基础性作用，但是单由"生态环境重要"就能得出独立成章的论断吗？以此论断，例如与人类社会发展相关的产品质量犯罪以及影响人类发展进程的知识产权等方面的犯罪是否都要独立成章，以彰显其重要性的地位。环境犯罪的独立成章将在一定程度上引发其他犯罪独立成章的趋势，以此会冲击现有的刑法分则体系，独立成章有情绪立法的嫌疑。

犯罪立法模式的改革应该是循序渐进的，不能一蹴而就，这就要求立法模式改革两步走。第一步承认现有复合型立法模式所存在的弊病，但在初步改革时要基于现有的立法模式进行，为适应打击环境犯罪，生态环境保护的需求要充分运用刑法修正案对相关条款进行修改与完善以此保持现有刑法结构的严谨性，在内容上将环境污染和资源破坏的犯罪进行分化，增设新的罪名，使以刑法典为核心的环境刑法趋于完善。同时，充分运用司法解释，司法解释可以有效弥补现行法律存在的漏洞与缺陷，增强法律适用的可操作性，并为立法机关出台新法奠定基础。[1]第二步，在相对趋于完善的基础之上将刑法修正案，司法解释等内容进行整合，逐步调整现有的刑法典立法模式，从而

---

〔1〕 刘先辉：《论环境刑事立法发展方向——以司法解释变更为视角》，载《中国刑警学院学报》2018 年第 2 期。

形成刑法典+单行刑法的模式。以刑法典为主是贯彻落实生态环境保护的宏观理念，而辅之以环境单行刑法，可以在其中涵盖环境犯罪的程序性规定，并及时应对新型的环境犯罪，同时也保障了法典的稳定性。[1]

我国环境犯罪立法的立法理念已经在环境伦理观的指导之下实现了人类中心主义向注重环境保护的过渡，在不同的历史阶段，环境刑法所处的社会对环境保护的定位不一，但是总体而言呈现由宽松到严格规制的趋势。就环境犯罪的立法模式而言，现行环境刑法偏重复合式的立法模式，虽存在一定的弊端但是为打击环境犯罪提供了条文供给。未来环境犯罪立法理念走向何处，环境犯罪的立法模式如何变革，这些都是以人与自然关系定位为导向。经济发展方式的转变，产业模式的不断升级为生态环境独立化的保护提供了一定的契机，有利于实现环境犯罪立法的精准化，这契合生态文明建设的社会要求，也是保护人类生存空间的重要举措。

第四节　我国环境刑法的问题与发展方向

刑法的严厉性与生态环境所面临的严峻形势相契合，刑法打击环境犯罪行为在过往取得了显著的成效，经过不断的修正与完善，现行环境刑法在环境保护领域发挥着举

〔1〕 王勇：《环境犯罪立法：理念转换与趋势前瞻》，载《当代法学》2014年第3期。

足轻重的作用。但是纵观现行环境刑法，不难发现，其依旧存在保护客体模糊，保护范畴不明确等问题，把握环境刑法发展方向，剖析现行环境刑法所存在的问题是我国环境刑法进一步发展完善的重要举措。

一、我国环境刑法罪的问题与发展方向

（一）环境刑法保护客体模糊

基于传统的立法模式，人类中心主义立法理念和生态本位主义立法理念存在的冲突，使得当前我国环境犯罪刑法存在保护客体不明确的问题，这也是造成学界争议不断的根源。环境犯罪不同于其他类型的犯罪，其具有一定的独特性，最终导致环境犯罪刑法保护客体的模糊。立法难以明确，不论是明确环境犯罪的客体为人类利益还是生态环境本身都会对另外的客体造成一定的减损。经济社会的发展使得生态环境的变化趋势呈现不确定性，明确环境犯罪刑法的保护客体不仅是刑法明确性的要求，更是为人类延续性发展的要求。现实社会中对于生态环境的侵害并不是一日之功，而是一种连续性，长久性的积累，当这种积累被察觉时环境已经面临了难以修复的损害。纵观世界各国环境犯罪刑事立法，其发展的趋势基本分为两种，一种是扩大环境刑法保护的法益，比如德国环境刑法在规制污染水域的犯罪时，明确其所保护的法益不纯粹是人类利益，也并不是纯粹的环境法益，而是人类利益和生态环境的双重法益；另一种是将环境侵害的范围进行扩展，加大对于环境犯罪的打击力度。亦有国家将两种路径进行综合运用。

因此，追本溯源，更新环境刑法的立法理念，改变环境刑法立法理念落后的现状，解决环境刑法客体不明确的根源性问题势在必行。与此同时，充分借鉴域外环境刑法经验，明确环境刑法的客体，针对不同类别的环境犯罪进行差异化的客体设定，以实现刑法规制的明确性与有效性。

（二）环境刑法的保护范畴不明确

环境刑法的保护范畴并不明确，使得法益无法得到周延保护。经济社会的发展促使人类的第一需求不再是生存而在于生活，生存与生活有着本质的区别，后者所需求的生活质量更高，比如优质的居住环境，那么对于影响人们居住质量的噪声是否要纳入环境犯罪的保护范畴呢？噪声以及光污染并不会产生的具体物质但是严重时会影响人们的身心健康，但是噪声与光污染对于生态环境的负面影响是不可观察的，也是难以察觉的，基于保护人类身心健康的角度将其纳入到环境犯罪的范畴未免再次陷入人类中心主义的困境。

因此，要借助生态环境检测技术，评估严重的噪声污染与光污染对生态环境本身的影响，同时考量对于人们身心健康的影响程度，将其纳入环境犯罪的范畴并配以科学的刑罚措施，明确环境刑法保护的范畴不仅包括有形的环境侵害，也包括不可观的环境侵害，但是也要避免刑法打击范围过广的现象发生，以免有违刑法谦抑性的原则。

（三）环境刑法危险犯规定不足

现行环境刑法以结果犯为主要的规制形态，危险犯的设置不足，这就意味着往往当环境犯罪已经造成严重的后果时，刑法才介入，这时的介入已非常滞后，已经难以补救所造成的侵害。那么在尚未发生损害的结果而仅有损害发生的危险时刑法介入，能够有效阻止环境犯罪的进一步发展，阻止其由危险向实害结果的转变，有效实现生态环境的保护，减少对于其他主体的损害，与此同时危险犯的设置能够化解结果犯因果关系归因不容易的难题。因为现实中对于生态环境的破坏往往是多主体的同时综合作用，抑或是不同主体在不同的时期对环境施加负面作用，最终导致损害结果的出现。

危险犯的设置本身体现了事前预防的理念，是严密环境犯罪刑事法网的重要举措，对于进一步打击环境犯罪行为，减少损害的发生具有积极意义。

（四）环境刑法罪名体系狭窄模糊

与动态变化的生态环境相比，环境刑法则极具稳定性，这就意味着目前的环境犯罪刑法是难以满足实际需求的。我国刑法关于环境犯罪罪名体系较为狭窄，可概括为 9 个条文与 15 个罪名。首先，环境犯罪的刑法条文数量供给不足。对于一个涉及不同圈层以及物质与物种数量庞大的生态系统而言，现行的刑法条文仅仅是抓住了环境保护的一个侧面。对于法律没有规定的环境的构成部分遭到污染与破坏应该如何规制成为了法律难题。其次，已经规定的污染环境罪所囊括的内容过于繁杂，涉及多种被污染的对象以及污染行为和方式。这是一种罪名的统合，行为的统合，结果的统合与罪过形式的统合，这种高度概括性以牺牲法律的明确性为代价。在污染环境罪法律条文中，"国家规定"和"严重污染环境"具有高度概括性，该条丧失了明确性的同时也丧失了法律的预测功能。企图利用一个罪名实现对多种被污染对象的保护容易造成法律适用的混淆，有违法律适用的准确性，也有兜底性用法的嫌疑。

面对环境刑法罪名狭隘模糊的现状，需要完善现有的环境刑法罪名体系，增设新的罪名，由于地理环境的差异性，使得环境犯罪的形态会呈现区域的集中性，某一新增设的罪名在该区域被频繁地适用，但是这并不违背法律适用的普适性，因为地理环境本身具有差异性。比如增设破坏草地罪，破坏湿地罪等与生态环境本身相关的罪名。生态环境中的动物也应该是被保护的对象，比如设立虐待动物罪，因为动物本身是生态环境的构成，对生态平衡具有重要的作用。除此之外，在生态环境恢复的过程之中往往需要行政机关的介入，那么对于抗拒行政管理行为的主体也应适用相应的罪名，以实现从损害到损害修复的长效治理机制。

二、我国环境刑法刑罚的问题

（一）环境刑法刑罚存在缺憾

我国现行环境刑法对环境犯罪的处罚适用的是自由刑与财产刑，财产刑包括没收财产刑和罚金刑，虽然现有刑罚体系对环境犯罪的规制有着积极作用，但目前的环境刑法依旧存在缺憾，其具体表现在两方面：一是自由刑设置偏低，比如盗伐林木罪是盗窃罪的特殊罪名，其最高法定刑是 15 年，而盗窃罪的最高法定刑是死刑，这种不均衡的最高法定刑设置不利于打击环境犯罪，同时也产生了当盗伐林木达到盗窃罪的"数额特别巨大"的标准时如何处理的难题。同时，污染环境罪最初的最高法定刑设置是 7 年，后经修正案修改为 7 年以上，这意味着立法者在最初立法时对环境犯罪所使用的自由刑尺度是偏松的，并不严苛。二是所有环境犯罪中都规定了罚金刑，但是对于罚金刑的适用却没有统一的标准，完全依赖于案件本身的犯罪情节，由法官行使自由裁量权，在没有统一的数额标准之下，司法存在主观肆意性，地方政府为一方经济发展而隐瞒包庇，干预司法公正也并不是没有发生，这种极大的司法自由度也为滋生腐败提供了契机。除此之外，环境犯罪的主体多以单位主体呈现，那么单位作为趋利主体会考量罚金与环境犯罪可得利益之间存在的区间，当罚金的适用数额远不及犯罪可得利益时，单位会在利益的驱使之下存在再犯罪的可能性，这不利于生态环境的保护，也不利于震慑潜在的犯罪主体。

基于此，要提高环境犯罪自由刑的上限，这不仅是生态环境保护的要求，也更是维持一般罪名与特殊罪名之间刑罚平衡的重要举措。完善罚金刑的适用，建立统一的罚金刑适用数额，加大罚金刑的适用力度，罚金数额与环境犯罪之间不存在可得利益空间，以打消犯罪主体再犯罪的念头，单处罚金抑或者并处罚金要根据实际的犯罪情况，对于严重的明显以破坏生态环境为代价的趋利行为要并处罚金并加大适用的力度。同时，在现有自由刑与财产刑的基础之上，设置资格刑。因为环境犯罪往往伴随着企业的生存经营，对于个人犯罪主体而言，其拥有与此行业相匹配的技能为生，适用资格刑环境犯罪的主体也多以从事生存经营活动的单位呈现，所以限制相关犯罪主体暂时性或者永久性从事生产经营活动，从而构建严密的刑罚体系，以实现环境刑法的规制效力最大化。

（二）我国环境刑法的发展方向

环境刑法的发展方向受环境伦理观指导之下的环境刑法立法理念的影响，这背后的动因在于，不同的历史时期经济发展水平存在差异化，人们的生产、生活对生态环境的依赖程度不同，人与自然之间的冲突显现的程度不一。环境保护的意识也伴随着生态环境的严峻形势由"保护生态环境意识虚无"到保护生态环境意识的觉醒，时至今日，保护生态环境已上升为战略层面的国家布局。经济社会发展与环境动态演变的双重变化促使我国环境刑法迈向新的方向。

生态环境作为一种客观存在，是人类赖以生存与发展的基础，借助环境刑法打击环境犯罪行为，实现生态环境保护是契合"绿水青山就是金山银山"的发展理念要求。生态环境系统复杂庞大，有其独特的发展规律与运行模式，环境刑法的制定要契合生态环境特点与发展的规律。如何实现对于生态环境的保护已经突破了传统刑法的范畴。传统刑法推崇惩治犯罪，实现对犯罪主体打击的价值理念，强调"以牙还牙，以眼还眼"的因果报应论。传统价值理念背景下的环境刑法是对生态环境这一非人类客观存在主宰式的武断与专横。生态环境的保护要依赖于法律的强制力，生态环境保护政策的贯彻落实也需要借助法律的权威，现行环境刑法被注入了"可持续发展""人与自然和谐共生"等理念。未来伴随着生态法益在人类社会运转中地位的变化，"环境价值独立化""环境价值为主"等新的理念存在指导环境刑法发展的可能性。

与此同时，在风险社会论之中，关于环境的风险被列为主要的风险，这种风险具有滞后、长期、恢复困难、恢复成本高昂的特性。由"环境风险"到"环境犯罪"抑或是"环境恶化"需要经历漫长的演变历程，可能是几个月，几年抑或是几十年，所产生的损害往往也是持久的，严重的，在短期内难以消除。预防环境风险的理念也在环境刑法中有所渗透，防范环境风险的意识也不断加强，比如原有的环境犯罪打击的是结果犯，现行环境犯罪相关的立法条文与司法解释也有行为犯与危险犯的运用。而在环境犯罪领域专门设置危险犯一直以来也是学界与实务界所期望的，这体现了对于环境风险的防范由虚无到宽松再到严苛的立法趋势。

除此之外，环境刑法保护法益的范围也不断得到延展，环境刑法罪刑体系虽然存在问题但是也呈现动态的趋好的优化升级，环境刑法与其他部门法衔接，法网逐渐严密，环境刑法的适用关乎人类未来生存空间与生存质量，根据环境动态变化的特性以及与人类关系定位的变化，不断地调整环境刑法以契合社会运转的需求，以此更好地实现环境刑法的与时俱进。